Herausgeber: Verlag Einfach Lesen
Gestaltung und Layout: Rosmarie Bernasconi
Titelbildgestaltung: Peter Maibach
ISBN 3-9523083-5-8
978-3-9523083-5-6

Alle Rechte beim Verlag und bei den Autoren
Erstauflage im März 2007
www.einfachlesen.ch

Urs Heinz Aerni und Rolf Lyssy

Wunschkolumnen
... oder hast Du's Dir anders vorgestellt?

Inhalt

«Hast Du's Dir anders vorgestellt?»
Vorwort von Urs Heinz Aerni   9

Rolf Lyssy
1. Vorwort – Kolumne im Juli 2003   11

Urs Heinz Aerni
Standby–Lämpchen   14
Die Post, damals und heute   16

Rolf Lyssy
2. Vorwort – Kolumne im August 2003   18
3. Vorwort – Kolumne im September 2003   21
4. Vorwort – Kolumne im Oktober 2003   24
5. Vorwort – Kolumne im Dezember 2003   27
6. Vorwort – Kolumne im Januar 2004   29
7. Vorwort – Kolumne im Februar 2004   31
8. Vorwort – Kolumne im März 2004   34

Urs Heinz Aerni
Messer und Religion   36
Die Privatisierung und ihre Dienste   37
Neulich vor einem Lebensmittelladen im Quartier.   39
Bestellen für Anfänger   41

Rolf Lyssy
9. Vorwort – Kolumne im April 2004   43
10. Vorwort – Kolumne im Mai 2004   45
11. Vorwort – Kolumne im Juli 2004   48
12. Vorwort – Kolumne im August 2004   51

Urs Heinz Aerni

Was antwortet man einem bekennenden Nichtleser? 54
Zürich liest anders ... bis zum nächsten Harry Potter 56
Gutschein für Nichtlesende 58
Arbeit kann Spaß machen 59
Rettet die Kleinbuchhandlungen 60
Genug Gründe für Gründungen 61

Rolf Lyssy

13. Vorwort – Kolumne im September 2004 62
14. Vorwort – Kolumne im Oktober 2004 65
15. Vorwort – Kolumne im November 2004 67
16. Vorwort – Kolumne im Dezember 2004 69
17. Vorwort – Kolumne im Januar 2005 71
18. Vorwort – Kolumne im März 2005 73
19. Vorwort – Kolumne im April 2005 75
20. Vorwort – Kolumne im Mai 2005 78

Urs Heinz Aerni

Die Macht der drei großen Buchstaben 80
Opel statt Ospel 82
Sonntägliche Sonnensuche im Winter 84
Ein Ruck durchs Quartier 85
SBB ist nicht SRG aber trotzdem 86
Dialog 87
Wunschkolumne 89
Großkurort am Zürichsee 90
Wasserdicht 92
Für Ideen degradieren? 94

Rolf Lyssy

21. Vorwort – Kolumne im Juni 2005	95
22. Vorwort – Kolumne im Juli 2005	97
23. Vorwort – Kolumne im August 2005	99
24. Vorwort – Kolumne im September 2005	101
25. Vorwort – Kolumne im November 2005	103

Urs Heinz Aerni

Inselleben	105
Weites Herz für weißen Vogel	106
Weltbilder auf den Kopf stellen	107
Terror per Inserat	109
Freier Preis für das Kulturgut Buch?	110
Öde Schweizer Literatur?	111
Deutsch ist nicht Deutsch	112
Die Schweiz und ihre wahre Ressourcen	116

Rolf Lyssy

26. Vorwort – Kolumne im Dezember 2005	117
27. Vorwort – Kolumne im Januar 2006	119
28. Vorwort – Kolumne im Februar 2006	122
29. Vorwort – Kolumne im März 2006	124
30. Vorwort – Kolumne im April 2006	126
32. Vorwort – Kolumne im Juli 2006	128

Urs Heinz Aerni

Buch gegen Hightech	130
Die Leiden der Buchhändlerinnen	132
Zuviel Strom?	133
Fußballer sind immer auf Sendung	135

Es dröhnt auf dem Lande	136
Privatisierte Diktatur	137
Das erste Leseerlebnis	138

Rolf Lyssy

33. Vorwort – Kolumne im August 2006	139
34. Vorwort – Kolumne im September 2006	142
35. Vorwort – Kolumne im Oktober 2006	144
36. Vorwort – Kolumne im November 2006	146

Urs Heinz Aerni

Schöne neue Architektur	148
Tagesfreundschaft	149
Die Bank kommt, der Jazz geht	150
Die Nacht – ein Gespräch mit ihr	152
Jimy Hofer	155
Siehe, das Globale liegt so nah	157
Namen- und Stichwortverzeichnis	162

Urs Heinz Aerni
«Hast Du's Dir anders vorgestellt?»
Ja, das habe ich. Diese Worte schreibe ich an einem Mittwoch Abend im Mai um 22.30 Uhr in Besançon, auf dem Weg ins Burgund. Vorgestellt hätte ich mir, dass ich schon lange da sein würde, sitzend vor gefülltem Weinglas und einem dampfendem Nachtessen. Das habe ich mir vorgenommen und das hätte ich mir gewünscht. «Personenunfall» hieß es jedoch in Mullehouse. Und wir standen eineinhalb Stunden länger im Bahnhof herum. Ein Mensch verließ die Welt der Lebenden und löste eine Kettenreaktion aus. Sollte ich mich ärgern, sorgen oder gelassen die Zeitung aufschlagen? Ich hätte auch Menschen beobachten und das Gesehene als Kolumne verwerten können. Statt dessen sind es die Vorworte des Buches mit Texten, die da und dort erschienen sind. Vieles stellt man sich vor und meistens eben anders.

Rolf Lyssy und ich trafen uns bei einer germeinsamen Bekannten, Anne Rüffer, seiner Verlegerin des Buches Swiss Paradise. Ein Verlagsfest mit sich zuprostenden Gästen aus Kultur, Medien und so. Jede und jeder versucht das Leben in den Griff zu bekommen, mit Projekten und Zielen aller Art. Diese allzumenschlichen Allüren bergen die Gefahr, das Erreichte schlicht zu übersehen. Rolf drehte Erfolgsfilme, so quasi eidgenössische «Blockbusters», um die Terminologie des 21. Jahrhundert zu benutzen, und schrieb einen Bestseller, der sich nicht nur durch Verkaufszahlen auszeichnet, sondern durch offene und ehrliche Beschreibung eines Zeitabschnittes, den man seinem ärgsten Feind nicht zu wünschen wagt. Das braucht Mut und Courage, einzugestehen, dass eben nicht alles so verläuft, wie man es sich hätte erträumen wollen. Solches relativiert seine eigenen Erfolgsgelüste und lässt nach Erfolgen Ausschau halten, die da sind, und von sich fürs Leben zehren lassen.

Dazu gehört, dass eine Verlegerin aus Bern sich bereit erklärt, diese Texte als Buch herauszubringen, und dass ich doch noch spät in der Nacht gesund im Burgund angekommen bin und mich auf eine Nacht voll Schlaf freuen kann.

Rolf Lyssy
1. Vorwort – Kolumne im Juli 2003

Eines Tages im Frühsommer 2003 wurde ich vom Tagblatt Chefredaktor Markus Hegglin angefragt, ob ich Lust hätte, einmal im Monat eine Kolumne unter der Rubrik «Persönlich» zu schreiben. Ich kannte die Kolumne nur flüchtig. Sie befindet sich auf der letzten Seite des *Tagblatts der Stadt Zürich*, Amtsblatt, Gratisblatt und breit über die Stadt gestreut. Mittlerweile habe ich herausgefunden, dass nicht alle Einwohner die Zeitung erhalten. Ob es auch alle die lesen, die es Briefkasten vorfinden, kann ich nicht sagen. Ich lese jeweils die erste und letzte Seite. Wer sich über Gottedienst- Schul- und sonstige Veranstaltungsdaten informieren will, ist jedenfalls nicht schlecht bedient.

So stand ich vor dem Entscheid, ob ich dieses Angebot annehmen sollte. Immerhin, ein Honorar war auch vorgesehen und da man bekanntlich von der AHV-Rente nicht leben kann, kam mir diese Nebeneinahme, sozusagen als kosmetischer, monetärer Zustupf gerade recht. Ich war mir natürlich bewusst, dass ich eine Verpflichtung einging, jeden Monat zu einem vorgegeben Zeitpunkt Text abzuliefern. Ungewohnt, aber durchaus reizvoll und herausfordernd. Denn thematisch gab und gibt es nach wie vor für die etwas über zwei Dutzend Autoren, darunter Damen und Herren des Stadtrats, sowie Persönlichkeiten aus der Zürcher Kultur-, Wirtschafts- und Politszene keine Einschränkungen. Man darf und soll seine persönliche Meinung frei äussern. Und um mir selber gleich mal den Tarif durchzugeben, sinnierte ich in der ersten Kolumne über Ängste, die mich angesichts dieser Aufgabe befallen würden. Nun, in Tat und Wahrheit, bin ich davon bis heute weitgehend verschont geblieben. Es kann allerdings schon vorkommen, dass der Abgabetermin näher und näher rückt und sich in meinem Kopf noch kein konkreter Inhalt herauskristallisiert hat. Dann werde ich unruhig und das nächtliche Einschlafen verzögert sich spürbar.

Bis heute bin ich aber immer rechtzeitig fündig geworden und mittlerweile hat sich mein Selbstvertrauen so gestärkt, dass die in der folgenden ersten Kolumne aufgeführten Ängste kein Thema mehr sind. Auf die Kolumnenolympiade warte ich allerdings immer noch. Unter die ersten zehn würde ich mich bestimmt einreihen, das darf ich auf Grund des durchwegs positiven Echos von Lesern und Leserinnen, nach dreijährigem Kolumnenschreiben mit guten Gewissen behaupten.

Persönlich

Nun hat es also auch mich erwischt: Ich habe die Seite gewechselt vom Kolumnenleser zum Kolumnenschreiber. Wenn das nur gut geht. Natürlich sind mir die grossen Meister unserer Zeit in der Sparte Kolumne vor Augen. Leute wie der Reichlin, der Keiser, der Giacobbo, die Knecht, der Reich, die beiden Roschees, (de Weck und Schawinski) der Suter und einige weitere Damen und Herren, die in der obersten Kolumnenliga um die Plätze kämpfen. Ich muss gestehen, ich fühle mich als absolutes Greenhorn und komme mir vor, wie ein naiver, wenn nicht gar leichtsinniger Debütant, ein Kolumnenschreibernobody, der wild entschlossen an seinem Staatsrentnerast sägt, auf dem er seit geraumer Zeit gemütlich Platz genommen hat. Aber wer weiss, vielleicht gelingt es mir eines Tages doch, für die grosse Kolumnistenolympiade selektioniert zu werden. Ich träume jetzt schon, von einem Podestplatz. Alter hin oder her. Bis es jedoch soweit ist, liegt ein steiniger Weg vor mir. Und schlaflose Nächte (eine hatte ich schon), Migräneanfälle (kommen noch), Bauchweh und was einem alles so an psychosomatischem Unbill widerfahren kann, nachdem man sich dem Kolumnenschreiben verpflichtet hat, werden mich mit Bestimmtheit heimsuchen. Ich verspreche Ihnen, liebe LeserInnen, dass ich mich durchbeisse, ganz nach der Maxime: «Ein Indianer kennt keinen Schmerz». 1600 Zeichen plus minus, über persönliche Erlebnisse, Meinungen, Eindrücke, sicher auch Gedanken zur Lage der Nation, sind erwünscht; von eigenen Visionen, Utopien, Alb- und andern Träumen darf auch die Rede sein. Wohlan denn, es soll gelten. Sie hören, bzw. lesen in der letzten Augustwoche wieder von mir.

Urs Heinz Aerni
Standby–Lämpchen
Überall liegen Bücher. Das sieht ja wieder aus, also wirklich! Wir Büchernarren haben es ja nicht einfach. Kennen Sie solche Abende, an denen man auf dem Sofa rumlümmelt, da reinliest, dort weiterblättert und in einem anderen Buch sich festliest? Man legt das eine Buch weg, um zum nächsten zu greifen. Das Kerzenlicht flackert, der Wein funkelt und die Bücher stapeln sich auf dem Tisch, auf dem Boden. Die Stunden verrieseln, die Blätter rascheln und man fühlt sich pudelwohl.

Es wird spät in der Nacht, der letzte Buchdeckel wird zugeklappt, ächzend erhebt man sich aus dem Polster. Die Beine über die am Boden liegenden Bücher hebend, geht es Richtung Heia und kaum versinkt man im Bett wird noch ein Buch vom Nachttischstapel aufgeschlagen, bevor dann gänzlich in den Nachtschlaf weggedämmert wird. Am anderen Morgen liegen sie da, die Bücher, überall.

Die Aufräumlust hält sich sehr in Grenzen, denn der nächste Abend kommt bestimmt. Schließlich wohne ich hier, ich lebe und lese hier. Warum soll alles wieder zurück in die Regale gestellt werden? Bücher gehören zur Wohnung wie Stühle, Schränke, Bilder oder ein Klavier. Bücher sind kein schmutziges Geschirr und keine leeren Dosen. Bücher sind Wohn- und Gebrauchsgegenstände, mit dem Recht auf Präsenz zwischen den vier Wänden. Und doch, heute Abend kommen Gäste … die wohl staunend über die Wälzer und Novellen stolpern. Ich komme nicht umhin, ich muss aufräumen. Genau das ist das Ungerechte: Da kann einer eine Nacht lang den größten Schlamassel im Fernsehen gucken und von einem

Chaos zum nächsten Salat zappen, und macht er die Glotze aus, so ist sofort aufgeräumt. Keine Spuren außer einem Standby-Lämpchen. Gemein, nicht?

Prolog

Otto: «Ein Mann sagte am Postschalter: ‚Ich hätte gerne eine 50-Pfennig-Briefmarke, aber bitte entfernen Sie den Preis, es soll ein Geschenk sein.» Unsere Post erfuhr einen Wandel sondergleichen. Heute wird alles verkauft, von Büchern über Spiele bis Süßigkeiten und ein Herr fragte die Dame hinter dem Schalter: «Kann ich an diesem Kiosk auch einen Brief aufgeben?»

Die Post, damals und heute

Michael* wohnte in einem aargauer Dorf und liebte Denise*. Sie lebte im Nachbardorf. Er liebt sie so sehr, dass er ihr Briefe schrieb, einen am Vormittag, den sie am Nachmittag erhielt und einer am Nachmittag, der sie am nächsten Vormittag erreichte. Er verzierte die Umschläge mit Zeichnungen und Zierschriften so sehr, dass es für sie nur so eine Wonne war. Das war so Anfangs der 80er Jahre, als der Postbote zweimal den Briefkasten heimsuchte. Zweimal im Tag konnte Denise den Briefkasten leeren und die Mutter rief aus der Küche ob was gekommen sei. Denise rief zurück: «Nichts!» während sie den Brief von Michael ans Herz presste. Damals entstand viel Großes mit einem Brief, wie heute die Post wirbt. Neulich gab ich einen Kartonumschlag am Schalter auf, der noch als Brief durchging. Liebevoll schrieb ich die Anschrift in leserlichen Lettern. Die Dame am Schalter sah mich ernst an und klebte eine Etikette über meine Schrift. Ich fragte nach, sie antwortete. Man müsse diese Etikette verwenden. Aha. Und man dürfe nur in Großbuchstaben schreiben. Oha. Und auch keine Zwischenzeile sei erlaubt. Ah ja. Umgehend käme das Ding zurück. Das wollen wir ja nicht. Klar. Eben, sonst könne der Computer den Empfänger nicht lesen. Ja, und die Damen an den Schaltern erhielten Ermahnungen von oben. Nun denn, da wollen wir als moderne Konsumenten nicht zurück stehen und den Maschinen geben was sie brauchen: Kalte klare Schrift auf genormten Etiketten damit für teures Geld unser Brief hoffentlich noch in der gleichen Woche ankommt. Oder noch besser, die Clubschule Migros bietet einen neuen Weiterbildungskurs an. Titel: «Kompetenter Postkunde - Eine Herausforderung, die ich annehme».

*Namen wurden geändert, sind aber dem Verfasser bekannt

Rolf Lyssy
2. Vorwort – Kolumne im August 2003

Mit Russland, genauer mit den einst zur Sowjetunion gehörenden und heute unabhängigen Nationen Lettland, Weissrussland und Ukraine verbindet mich Familiäres. Meine Grossmutter mütterlicherseits stammt aus Mohilev einer Stadt in Weissrussland, mein Grossvater aus Riga, die Hauptstadt von Lettland. Beide emigrierten sie im Laufe der ersten russischen Revolution 1905 nach Frankfurt a/M, wo meine Mutter geboren wurde und aufwuchs.

Meine Grosseltern väterlicherseits stammten aus Berditschev, eine Stadt in der Ukraine. Im Zug der grossen Auswanderungswelle russischer Juden nach dem verheissungsvollen Amerika, als Folge zunehmender Pogrome und Verfolgungen unter der Zarenherrschaft, zu Beginn des letzten Jahrhunderts, blieben sie in Zürich hängen. Hier kam mein Vater zur Welt. Meine Grosseltern waren einfache Leute, der Grossvater ursprünglich Zigarettenarbeiter, der kaum lesen und schreiben konnte. In Zürich bauten sie sich mit Hilfe ihrer vier Söhne und der jüngsten Tochter – die beiden ältesten Brüder meines Vaters waren noch in der alten Heimat zur Welt gekommen – eine bescheidene Existenz als Stoff- und Aussteuerhändler auf.

Meine Mutter erzählte mir viel aus ihrer Zeit als junge Frau, die mit 17 Jahren das, wie sie jeweils sagte, «verrückte Elternhaus» (ihr Vater war Operettensänger und Kantor in einer Synagoge in Frankfurt) verliess und bei Verwandten ihres Vaters in Riga lebte. Dort lernte sie ihren ersten Mann kennen. So begann ein schon fast abenteuerliches Leben, dass sie schliesslich 1935, nach mehr oder weniger freiwilligen Reisen durch ganz Europa, in die Schweiz brachte. Hier lernte sie meinen Vater kennen. Verliebte sich, wurde mit mir schwanger, heiratete in der Folge und bekam den Schweizerpass. Dieser rettete ihr schliesslich das Leben, denn ihre staatenlose Eltern und der Grossteil ihrer Familie wurden von den Nazis von Frankfurt nach Minsk deportiert und dort umgebracht.

Auf Grund der jüdisch-russischen Wurzeln meiner Familie, war es naheliegend, dass mich alles was mit dem Zarenreich, der russischen Revolution und der späteren Sowjetunion zu tun hatte brennend interessierte. Ich verschlang die Bücher russischer Schriftsteller, Tolstoi, Dostojewski, Gorki, Tschechov, war überwältigt von den russischen Stumm- und späteren Tonfilmen der dreissiger und vierziger Jahre, bewunderte deren Regisseure Eisenstein, Pudowkin, Wertow. Studierte die Arbeiten der genialen Theatermacher, Meyerhold, Tretjakow, Tairow, Obraszow, Wachtangow, Stanislawski und wie sie alle hiessen.

Diese Sensibilität hielt lange an. Umso mehr als ich Gelegenheit hatte, anfangs der achtziger Jahre die Städte Moskau und das damalige Leningrad und heutige St. Petersburg und zehn Jahre später ein zweites Mal Moskau, sowie Riga zu besuchen. Mittlerweile hat sich meine einstige Bewunderung gelegt und einem kritisch distanzierten Verhältnis Platz gemacht. Was sich zwischen machttrunkenen Politikern und ebenso machtsüchtigen, sich schamlos bereichernden Oligarchen seit Auflösung der Sowjetunion abspielt, gleicht eher einem Trauerspiel, als einer fortschrittlichen Entwicklung. Es wird wohl noch einige Generationen dauern, bis sich in diesen Ländern wirklich demokratische Strukturen etabliert haben. Wenn das überhaupt je geschehen wird.

Persönlich

Die Russen sind da! Genauer die Ukrainer. Aber das spielt in diesem Zusammenhang keine wesentliche Rolle. Fest steht jedenfalls: die Schweiz scheint eine magische Anziehungskraft auf sie auszuüben. Schon vor rund zweihundert Jahren hielten sie sich unter der Oberaufsicht des berühmten Feldherrn General Suworow in unserem Land auf. Damals ging's gegen die Franzosen. Es war die Zeit der grossen Feldzüge. Dann gab's eine längere Pause. Kurz nach dem Krieg tauchten sie wieder auf. In weitaus friedlicherer Absicht. Ich erinnere mich, wie wir Herrliberger Kinder es kaum erwarten konnten, bis der alljährliche sommerliche Auftritt der Kosaken, im Dorf auf einer grossen Wiese (heute völlig überbaut, versteht sich), stattfand. Wilde krummbeinige Typen, die klein wie gross mit ihren irrwitzigen Reiterkunststücken in helle Begeisterung versetzten.
Dann kam der Zusammenbruch der Sowjetunion und mit ihm der Wildwuchs raffgieriger Jungkapitalisten. Und schon tauchten sie wieder auf. Diesmal nicht als säbelschwingende Reiterhorden, sondern hochelegant, die Damen in teuren Pelzen, die Herren in Luxuskarossen. Schweizer Hoteliers rieben sich die Hände. Das tun sie zum Teil immer noch. Und wie ich letzthin in einem Zeitungsbericht las, kümmern sich Lenins Nachfahren nun auch um unsere darbenden Fussballvereine. Vorerst um den FC Wil. Dabei muss es nicht bleiben. Russische Finanzhaie haben neue Jagdgründe entdeckt. Ob das dem helvetischen Fussball zum Guten gereicht, wird sich weisen. Immerhin, im vorletzten Jahrhundert waren die Bündner Zuckerbäcker gefragte Leute im Zarenreich. Sie haben den Russen das Leben versüsst. Werden wohl unsere Fussballer dank russischem Support in naher Zukunft gar Europa- wenn nicht Weltmeister?

3. Vorwort – Kolumne im September 2003

Da wurde in der Tat einiges vermasselt. Angefangen hat es mit den seit langem stattfindenden Auseinandersetzungen zwischen unseren süddeutschen Nachbarn, der Flughafendirektion und der Zürcher Kantonsregierung bezüglich Luftlärm der anfliegenden Maschinen Richtung Kloten. Die zunehmenden Proteste von ennet dem Rhein wurden seitens der hiesigen, zuständigen Verantwortlichen bagatellisiert, um nicht zu sagen, überhört. Es konnte nicht wahr sein, was nicht wahr sein durfte. Nämlich die Tatsache, dass die Menschen aus dem Schwabenland langsam aber sicher die Nase voll hatten, von dem täglichen Gedröhne über ihren Köpfen. Es gab ein sich gegenseitiges Zuschieben des schwarzen Peters, bis schliesslich auf Bundesebene bilateral verhandelt werden musste. Bundesrat Moritz Leuenberger reiste nach Berlin ohne grosse Rückendeckung seitens seiner Landsleute. In den obersten Etagen des Flughafens und der Regierung fühlte man sich im Recht – im Recht des Stärkeren. Aber der Druck aus Berlin nahm zu und schliesslich sah man sich gezwungen den Forderungen der deutschen Nachbarn Vorschub zu leisten.

In der Folge ergaben sich neue Anflugrouten über den Pfannenstiel und das dichtbesiedelte Zürcher Oberland, was wiederum heftige Proteste der Anwohner von Uerikon, Zumikon, Fällanden, Schwerzenbach, Pfaffhausen, Gockhausen etc. auslöste. Wiederholte Demos auf dem Flughafenareal und in den betroffenen Gemeinden. Behörden und Flughafenverantwortliche versuchten die hochgehenden Wogen zu glätten. Entscheide wurden aufgeschoben. Jeder wollte den Fünfer und das Weggli. Die Direktion des Flughafens tat die Flucht nach vorn und suchte das Heil in einer Goodwill -

Werbekampagne. Aber das Gerangel hält immer noch an. Das letzte Wort ist noch nicht gesprochen, der letzte Entscheid noch nicht gefällt. Noch für lange nicht.

Persönlich

Es gibt Plakate, die sind witzig, amüsant, aufklärend, regen zum Nachdenken an, mobilisieren Gefühle und stimulieren den Geist. Dann gibt es aber auch Plakate, da kommt man sich nachgerade verarscht vor und wundert sich, was für ein Unsinn in gewissen Köpfen Urstände feiert. Und vor allem, wer das bezahlt!

Jüngstes Beispiel dieser Sorte ist ein Plakat – weisse Schrift auf blauem Grund – in voluminösem Breitformat, auf dem der Satz zu lesen ist: «Mein Flughafen!» Ich gehe vorüber oder erhasche aus dem vorbeifahrenden Auto die tiefgründige Botschaft. Und rege mich auf. MEIN FLUGHAFEN! Es ist zwar eine gängige Redensart, wenn man sagt: «Mein Arzt, mein Schuhmacher, mein Coiffeur, mein Freund, meine Freundin» oder auch: «Mein Vater, meine Mutter, mein Mann, meine Frau, mein Sohn meine Tochter». Aber: «Mein Flughafen»? Es ist weder mein, noch dein, noch unser Flughafen. Unwort *Unique* hin oder her. Es ist zuerst einmal ein aberhundertmillionenfranken verbautes Gebilde, das die Bürgerinnen und Bürger auf die Strassen treibt, weil sie es sind, die jahrelange Ignoranz und Arroganz von Flughafenverantwortlichen und einzelnen Behördemitgliedern ausbaden müssen.

«Mein Flughafen» ist der blanke Hohn, wenn man die Geschichte, die sich dahinter verbirgt kennt. Und wer kennt sie nicht? Was wollen uns also die neunmalklugen Werber suggerieren? Solidarität? Loyalität? Goodwill? Oder sollen gar verschüttete Heimatgefühle regeneriert werden, nachdem der Karren ziemlich im Dreck steckt?

Wie wärs mit folgendem Plakattext: «Unser Flughafen, der du dich befindest in Kloten, geheiliget werde dein Name *Unique*, zu uns komme dein Hub, dein ist der Profit und der Grössenwahn ...» Die Fortsetzung kann sich jeder selber ausdenken.

4. Vorwort – Kolumne im Oktober 2003

Im Herbst 2001 fragte mich Willy Bischof, renommierter Jazzpianist, damals im Hauptberuf Musikredaktor bei Radio DRS und Moderator der erfolgreichen Vorabendsendung «Apéro» auf DRS 2, ob ich zusammen mit ihm und Ruedi Bolleter, Werber und Freizeitbassist, einmal pro Woche in der Eden-au-Lac Bar in Zürich im Trio «Easy Listening Jazz» spielen würde. Ich kannte die beiden seit langem, hatte mich auch schon ad hoc beim einen oder andern Auftritt mit meinen Handtrommeln dazugesellt. Ein Hobby, das ich seit meinem 15. Altersjahr mit Hingabe pflege.

Der Jazz begleitete mich ein Leben lang. Zu dieser Musik gebracht hatte mich Walo Linder, Unterhaltungschef von Radio Beromünster, selber ein hervorragender Jazzpianist und enger Freund meiner Eltern. Einst Mitbegründer der «Original Teddys», Teddy Stauffers legendärer Big Band aus den vierziger Jahren. Von Onkel Walo, wie ich ihn nannte, bekam ich eines Tages die Klaviernoten zum «Bumble Boogie», Rimsky-Korsakovs verjazzter Version des Hummelflugs. Ich war damals zwölf Jahre alt und von da ab dem Jazz verfallen. Vergass die Cherny-Klavieretüden und spielte nur noch Boogie Woogies. Und meine Mutter liess mich gewähren. Leider! Vielleicht hätte sie mit allen Mitteln darauf bestehen müssen, dass ich die klassischen Klavierstunden bei meiner Lehrerin fortsetze. Die Folge war, dass sich mein Klavierspiel nicht weiter entwickelte. Und das bedaure ich bis heute.

Über fünfzig Jahre später und seit einem halben Jahr Staatsrentner kam mir dieses unerwartete Angebot im Herbst 01 von Willy Bischof wie gerufen. Ohne Druck, nach Lust und Laune Musik zu machen, hätte mir was besseres passieren

können. Und so begann eine schöne Zeit des gemeinsamen Musizierens, jeweils am Donnerstagabend von Ende Oktober bis Ende Mai. Mittlerweile hat das Personal gewechselt. Seit zwei Jahren besteht unser Quartett aus Jürg Ramspeck (Piano), Peter Livers (Bass) und der Sängerin Rebecca Spiteri. Bereits unzählige, swingende Stunden haben wir hinter uns und der Erfolg verspricht kein baldiges Ende.
Jazzmusik ist ein wunderbares Seelenelixier, für die die sie spielen und erst recht für die die zuhören.

Persönlich

Für einmal erlaube ich mir, mich streng an den Kolumnentitel zu halten und etwas wirklich Persönliches mitzuteilen. Ich möchte nämlich Ihnen verehrte Leserinnen und Leser mit Nachdruck eine Therapie empfehlen, die hilft, die kommenden dunklen, kalten, nassen Monate unbeschadet zu überstehen.
Es handelt sich um die «GASB-Therapie», die nachgewiesenermassen eine heilende Wirkung nicht nur aufs Trommelfell, sondern auch auf alle anderen stimmungsanfälligen Körperorgane auslöst. Diese garantiert schmerzlose Therapie basiert auf dem unverwüstlichen *Great American Songbook* und wird durch vier kompetente Therapeuten in äusserst wirksamen, homöopathischen Dosen einfühlsam appliziert. Die Therapiesitzungen finden jeweils donnerstags von 19-21 und von 22-23.30 Uhr in der Bar des Hotel Eden-au-Lac statt.
Der Cheftherapeut Willy Bischof, dessen Finger kompetent und präzise über die Pianotasten gleiten, wird dabei begleitet von den Kollegen Markus Kessler an der Gitarre, Christoph Mächler am Bass, der zwischendurch auch seiner Singstimme Ausdruck verleiht und meiner Wenigkeit, die versucht, auf

den Bongos den vorgegebenen Rhythmus beizubehalten. Die Heilungserfolge sind unleugbar, das bestätigen unsere Stammkunden, die sich in den letzten beiden Winterhalbjahren regelmässig dieser Therapie unterzogen.
Bitteschön, wagen sie ungeniert den Gang in den Wellnessgarten Eden. Lassen Sie sich von uns verwöhnen und geniessen Sie ein paar Stunden Erholung. Sie werden es nicht bereuen. Das tolle an der Sache: unsere Therapie ist nicht rezeptpflichtig. Einziger Schönheitsfehler: die Therapiekosten – für jedermann erschwinglich – können leider nicht auf die Krankenkasse abgewälzt werden.

5. Vorwort – Kolumne im Dezember 2003

Was ist das nicht jedes Mal für ein Theater, wenn Wahlen im Bundesparlament anstehen. Je nach Parteienkonstellation und allgemeinem gesellschaftlichen Trend entwickelt sich daraus ein Schmierentheater, ein Kasperletheater, manchmal auch ein veritables Agitproptheater oder dann Boulevard aus der untersten Schublade, das sich bis zum deftigen Trauerspiel ausweiten kann. Damals im Dezember 2003 als Kaspar Villiger zurücktrat, agitierten, intrigierten, lobbyierten und scharwänzelten unter der Bundeshauskuppel die selbsternannten Königsmacher zwischen Gängen, Stuhlreihen und Parteien. Es wurde gefeilscht, gepokert, gemauschelt, erpresst und gedroht.

Einerseits schallte der Ruf nach mehr Frauen in die Regierung, anderseits stand Ruth Metzler auf der Abschussliste. Es kam wie es kommen musste. Die Männermehrheit gab sich keine Blösse und wählte den Obermeckerer vom Dienst Christoph Blocher an Stelle von Ruth Metzler in die Regierung, was heftige aber wirkungslose Proteste quer durch die Parteienlandschaft auslöste. Und um das Mass voll zu machen wurde schliesslich der rechtsfreisinnige Hans-Rudolf Merz als Ersatz für Kaspar Villiger seiner Parteikollegin Christine Beerli vorgezogen. Damit war die Männerkirche wieder fest im Dorf installiert. Und ich erlaubte mir in meiner Kolumne für einmal utopische Gedankenspiele.

Persönlich

Nichts mehr war so wie vorher. Es war der Tag an dem die Welt – oder sagen wir bescheidener – die Schweiz Kopf stand. Wo man mit Gewissheit sagen konnte: «La réalité à dépassé la fiction». Sogar die einst weltberühmte Popgruppe «The Mamas und Papas» sangen nicht «Monday, Monday», sondern «Wednesday, Wednesday».

Den Prognostikern, den Politologen, Professoren, Papapili, Puritanern, Proletariern, aber auch der Frau und dem Mann von der Strasse hatte es schlicht die Sprache verschlagen. Aber nur für kurze Zeit. Dann begann das grosse Lamentieren, Anklagen, Hadern, Rechtfertigen, Brustklopfen, Abkanzeln, Applaudieren und was dergleichen mehr nach solchen Anlässen jeweils angesagt ist. Was war geschehen?

Die vereinigte Bundesversammlung hatte eine neue Landesregierung gewählt. Michelle, Moritz und Sämi wurden glanzvoll in ihrem Amt bestätigt. Neu dazu kamen: Blocher Christoph, Haller Ursula, (beide SVP), Fässler Regula (SP) sowie Genner Ruth, (Grüne). FDP und CVP standen mit abgesägten Hosen da. Ausmanövriert. *Das Wunder von Bern* war Tatsache geworden. Alles Paktieren, Spekulieren, Reflektieren, Analysieren und Rotieren hatte an diesem Mittwochmorgen jäh ein unerwartetes Ende gefunden.

Es war sehr spät geworden, die Nacht zuvor. Die Gäste wollten nicht nach Hause. Als ich aufwachte war es kurz vor *High Noon*. Und die Frage, die mich während des verschlafenen Morgens ständig beschäftigt hatte, nämlich ob ich diese seifenoperartige Liveübertragung von einem grossen *Mais im Bundeshaus* träumen oder real mitverfolgen würde, hatte sich von selbst erledigt.

Dies ist meine letzte Kolumne in diesem Jahr und so wünsche ich allseits fröhliche Weihnachten und e guet's Neus.

6. Vorwort – Kolumne im Januar 2004

Da war ein Artikel in der Zeitung, den ich wirklich zweimal lesen musste, um sicher zu sein, dass ich nichts falsch verstanden hatte. Wäre es der 1. April gewesen, ich hätte die Geschichte als schlechten Scherz abgetan. Aber es war Januar. Gut, Zeitungsenten finden sich übers ganze Jahr verstreut und da kann auch der Tages-Anzeiger mal in die Falle tappen. Um sicher zu sein, hielt ich Rücksprache mit meinem Sohn, der in New York lebt. Er bestätigte mir den Tatbestand und so hielt mich nichts mehr zurück, diesen nachgerade schon paranoiden Erlass des New Yorker Bürgermeisters und Multimillonärs Bloomberg mit entsprechend bissigem Unterton zu kommentieren. Solchen Geschichten kann man eigentlich nur mit Hohn und Sarkasmus begegnen. Obwohl ich nicht unterschlagen will, dass hinter diesen Gesetzeserlassen nichts anderes als ein totalitäres Gehabe von machtbesessenen Politikern steht. Bürger und Bürgerinnen bevormunden, sie in ihren Freiheiten einengen und in der Folge allzu Widerspenstige kurzerhand kriminalisieren, dass waren und sind offenbar immer noch unausrottbare Verhaltensmuster gerade von Parteibonzen, die bei jeder sich bietenden Gelegenheit das hohe Lied der freiheitlichen Demokratie jeweils besonders laut (und verlogen) absingen.

Persönlich

Freunde, hier das Neueste aus der Sauberkeitsantiraucherfront! Nachzulesen im *Tages Anzeiger* vom 7. Januar. Somit kein Aprilscherz! Aschenbecherbesitzer im Big Apple werden gebüsst! Und wer nicht zahlt, landet sicher irgendwann im Knast. Das muss man sich mal vorstellen, Beamte gehen auf die Suche nach herumstehenden Aschenbechern und wer einen solchen sein eigen nennt, der ist straffällig geworden! Wie hiess das damals in Vietnam? Search and destroy! Soweit sind wir also mittlerweile, d.h. vorläufig nur die Bürger von New York. Aber warten wir's ab.

Da dachte ich schon, wir hätten im Zeitalter der Aufklärung, Toleranz, Selbstverantwortung, individuellen Autonomie und was der geistig modernen Errungenschaften mehr sind gelernt, dass Verbote in den meisten Fällen das Gegenteil von dem bewirken, was sie beabsichtigen. Da kommt ein hirnrissiger Bürgermeister einer grossen Stadt nicht nur auf die Idee, das Rauchen rundum in allen Lokalen, Bars und sonstigen Etablissements der Öffentlichkeit zu verbieten, nein, die dazugehörigen Utensilien, wie Aschenbecher (Feuerzeuge, Streichhölzer und Zigarrenschneider werden folgen) fallen auch unter das Verbot! Ich habe den Verdacht, es geht eher um dringend benötigte zusätzliche Einnahmen. Die Kriegsspiele im Irak kosten nämlich Unsummen. Und da bekanntlich bei Toten nichts mehr zu holen ist, knöpft man sich die Lebenden vor, egal ob Raucher oder Nichtraucher. Der kleinste Makel, der an diese teuflische Sucht erinnert, muss ultimativ eliminiert werden. Hexenjagd! Schöne neue Welt!! 1984!!!

Übrigens: Ich bin Nichtraucher – und Aschenbecherbesitzer. MitbürgerInnen, lasst uns eine Friedenspfeife rauchen!

7. Vorwort – Kolumne im Februar 2004

Lob zu empfangen ist wohltuend. Lob zu äussern nicht minder. Ich habe damit kein Problem und tue es gerne, wenn die Voraussetzungen dafür gegeben sind. So selbstverständlich wie das sich anhört, ist es allerdings nicht. Gerade wir Schweizer tun uns schwer, wenn es darum geht, Menschen die sich im kulturellen Bereich mit herausragenden Leistungen bemerkbar gemacht haben entsprechend zu würdigen. Neid und Missgunst sind sind in unserem Land weit verbreitet. Ich spreche aus eigener Erfahrung.

Vielleicht bedingen sich Grosszügigkeit und Grossflächigkeit gegenseitig. Grosse Länder, viel Raum, möglichst wenig Berge und die Menschen sind offener, grosszügiger, toleranter. Dort wo der Raum eng ist, die Menschen sich nahe sind, ist auch die Angst grösser, der Mitbewohner könnte einem etwas wegnehmen. Jedenfalls wirklich begabte Filmer sind hierzulande eher Mangelware. Zuviele Godard-Hitchcock-Fellini Epigonen versuchen die Filmkunst neu zu erfinden und kommen meistens kaum über ein mediokres Niveau hinaus. Wenn dann aber mal überraschend ein Film auftaucht, der alle Voraussetzungen mit sich bringt, den Kinobesuch zum Vergnügen zu machen, dann finde ich, soll man das ruhig lauthals verkünden. Erst recht, wenn es sich um einen Schweizerfilm handelt.

«Verflixt verliebt» ohne grosse Ankündigung lanciert hielt sich schlecht und recht im Kinoprogramm. Der Film war kurz vor der Absetzung, als meine Kolumne an einem Montag erschien. Anderntags setzte ein Run ins Kino los und von da weg waren die meisten Vorstellungen zwei Wochen lang ausverkauft. Alle waren happy, die Kinoleute, die Verleihfirma und am meisten natürlich der junge Peter Luisi, Drehbuchautor, Regisseur und

Produzent in Personalunion. In der Folge empfahl ich den Film Fredi Murer, der ebenso begeistert war und Luisi mit der Aufgabe betraute, das Drehbuch zum Filmprojekt «Vitus» umzuschreiben. Was beweist, dass auch eine bescheidene Kolumne nachhaltige Wirkung erzielen kann.

Persönlich

Über den Begriff «Begabung» kann man endlos diskutieren. Ein ganzes Arsenal von Definitionen lässt sich anführen. Für die einen sind die Gene entscheidend: Talent wird ihrer Ansicht nach vererbt. Für andere zählt die Erziehung, das familiäre Umfeld, Glück oder schlicht das Schicksal. Das mag alles stimmen. Wesentlich ist aber, dass trotz allen Erkenntnissen vieles stets ein Geheimnis bleibt. Ein dreijähriges Kind sitzt am Klavier und spielt Mozart, ab Blatt. Kommt vor. Ein fünfjähriges Kind spricht sechs Sprachen und rechnet schneller als ein Computer. Auch das gibt's. Roger Federer wäre ohne sein Talent nicht dort wo er heute steht. Was diesbezüglich in der Kunst und im Sport von entscheidender Bedeutung sein kann, gilt auch beim Film. So ein begabter Filmemacher, Zürcher und bis dato in der CH-Filmszenen völlig unbekannt, hat mit bescheidensten Mitteln, ohne Filmfördergelder eine Komödie gedreht, die sich gewaschen hat. Da sass ich vor kurzem in einem vollen Kinosaal und traute meinen Augen und Ohren nicht. Ein Schweizerfilm mit Charme, Tempo, Frechheit, Ironie, Humor, Intelligenz, überraschenden Wendungen, voller doppelbödiger, zitatengespickter Komik läuft vor mir ab, und ich ertappe mich dabei, dass ich von Beginn bis zum Schluss von einem Lachanfall zum andern kippe. Wann hab' ich das zum letzten Mal erlebt? Ich müsste lang nachdenken. Jedenfalls kaum in den letzten fünfzehn Jahren. Der Titel des Films: *Verflixt verliebt*, der Name des Drehbuchautors und Regisseurs den man sich merken sollte: Peter Luisi! Noch keine Dreissig. Wahrlich, der Mann hat Talent, und was für eines! Ich kann nur sagen, ab ins Kino Riff-Raff!

8. Vorwort – Kolumne im März 2004

Ich erinnere mich noch an die goldenen Zeiten, wo man am Flughafen nach der Passkontrolle mir nichts dir nichts ins Flugzeug stieg, so wie man heute noch die Eisenbahn besteigt, ohne Gepäck- und Bodycheck. Die Menschen waren einander wohlgesinnt. Aber es war eine trügerische Ruhe, denn eines Tages geschah etwas, was niemand in dieser Form erwartet hatte. Die ersten Flugzeugentführungen fanden statt. Und die Folgen waren verheerend. Es gab Tote und Verletzte. Menschen wurden für den Rest ihres Lebens traumatisiert. Angst und Schrecken im Flugverkehr hielten Einzug. Der Terror nahm zu und es lag auf der Hand, dass man nur mit gründlichen Kontrollen möglichen Flugzeugentführungen vorbeugen konnte.

Mittlerweile wird beim Einchecken jedes Gepäckstück akribisch durchleuchtet und alles was metallisch spitz, scharf oder sonstwie die körperliche Unversehrtheit eines Passagiers gefährden könnte wird konfisziert. Dass man sich auch noch des Gürtels entledigen und gleichzeitig die Schuhe ausziehen muss, gehört zum zeitraubenden Ritual. Aber wenn es um die Sicherheit der Reisenden geht, ist jede Massnahme, sei sie noch so pingelig zweifellos angebracht. Dass diese ausgeklügelten Sicherheitsmassnahmen nicht über allen Verdacht erhaben zu sein scheinen, zeigen meine Erfahrungen auf den verschiedenen Flughäfen, die zwar den Duft der grossen weiten Welt vermitteln, aber gewisse Risiken offensichtlich nicht ganz ausschalten können. Dabei kann man sich natürlich schon fragen, ob man mit einem Nagelscherchen im Handgepäck, selbst mit der bösesten Absicht, ein Flugzeug und dessen Besatzung in seine Gewalt bringen kann?

Persönlich
Das haben Sie doch auch, Utensilien, wie z.B. Nagel- und Hautscherchen, die einem im Laufe des Lebens ans Herz gewachsen sind. Da flog ich also vor kurzem von Zürich nach Frankfurt. Im Handgepäck ein Necessaire mit zwei solcher Scherchen, seit über dreissig Jahren treue Begleiter im Haus und auf Reisen. Alles problemlos. Bis ich einige Tage später von Nürnberg nach Zürich zurückflog. Der Sicherheitsbeamte wollte den Inhalt meines Koffers sehen und holte aus dem Toilettenbeutel prompt die Scherchen hervor. Verboten! Es gab zwei Möglichkeiten: die liebgewordenen Dinger für immer abgeben oder den Koffer nachträglich aufgeben. Ich wollte mich aber von meinen Scherchen unter keinen Umständen trennen und wählte die zweite Möglichkeit.
Einige Wochen später, Swissflug von Zürich nach Rom. Wieder mit den geliebten «Kumpel» im Handkoffer, ohne Probleme durch alle Schranken geschleust. Drei Tage später, Rückflug. Dort dann die gleiche Szene wie in Nürnberg. Ein römischer Securityofficer entdeckt die Scherchen. Es gibt wiederum zwei Möglichkeiten: Koffer aufgeben oder adio carissimi. Nun ist der Römer Flughafen in seinen Ausmassen nicht Nürnberg und ich etwas spät dran. Ich zögere einen Moment und entscheide schweren Herzens, mich von meinen treuen Begleitern zu trennen. Für immer!
Als ich mich nach meiner Rückkehr um Ersatz bemühe, wird mir so richtig bewusst, wessen ich verlustig ging. Mittlerweile habe ich acht neue Scherchen erstanden, aber keines kann den zurückgelassenen das Wasser reichen. Es ist zum Verzweifeln und ich frage mich bis heute, warum ich problemlos durch alle Unique-Sicherheitschecks kam und bei den andern Flughäfen nicht?

Urs Heinz Aerni
Messer und Religion

Religiöse Extremisten verletzten und töteten vor kurzem in Ägypten andersgläubige Menschen in ihren Gotteshäusern, unter anderem mit Messern. Das berichteten die Medien. Gleichzeitig erschienen in der NZZ Artikel und Lesebriefe zur Frage, was eine Religion gut mache. Die einen appellieren auf den Verzicht des Absolutheitsanspruchs von Glaubenslehren, die anderen meinen, dass nur eine tiefe Überzeugung vom Wahrheitsgehalt eine Religion ermögliche. In der Welt der Wissenschaft und Aufklärung scheint der Glaube im klassischen Sinne an Gott mehr als ein Remake zu erleben. Der Lyriker aus Wales, R. S. Thomas, schrieb am Schluss des Gedichtes *Lobpreisung*: «Du sprichst alle Sprachen und keine, beantwortest unsere komplexesten Gebete mit der Schlichtheit einer Blume und konfrontierst uns, wenn wir dich zähmen wollen für unsere Zwecke, mit den tobenden Viren unter unserer Linsen.» Der Glaube und die Suche nach Gott sind so alt wie der Mensch. Übrigens, auch das Messer; aber es macht einen Unterschied ob es in der Hand eines Metzgers oder eines Gangsters liegt ...

---

*R. S. Thomas (1913-2000) kam in Cardiff zur Welt und wuchs in Holyhead auf, vor der Insel Anglesey in Nord-Wales. Er schrieb 30 Gedichte und war für den Literaturnobelpreis nominiert.

Die Privatisierung und ihre Dienste

Zu der Zeit, als ich noch Buchhandelsinhaber in Basel war, klingelte das Telefon gleich nach dem ein mit neuem Lesestoff versorgte Kunde den Laden verließ. Ich hob ab und nannte meinen Namen ...

«Sind Sie der Inhaber der Buchhandlung D?»
«Ja, warum?»
«Sie waren bis jetzt im Telefonbuch unter ‹Buchhandlung› eingetragen.›»
«Wir sind ja eine Buchhandlung.»
«Nun, wir haben festgestellt, dass dieser Umstand von uns seit Längerem übersehen wurde.»
«Was heißt das?»
«Die Eintragung unter der Branchenbezeichnung ist kostenpflichtig.»
«Seit wann?»
«Seit ca. einem Jahr.»
«Ist mir neu. Seit eh und je finde ich im Telefonbuch unter A eine Apotheke oder eben B eine Buchhandlung.»
«Sicher ja, aber seit einem Jahr ist diese Art der Registrierung kostenpflichtig.»
«Und ... was wollen Sie jetzt von mir?»
«Möchten Sie weiterhin unter ‹Buchhandlung› aufgeführt sein?»
«Welche Buchhandlung möchte das nicht?»
«Natürlich, aber solch ein Eintrag ist nicht mehr gratis.»
«Ich muss nun Geld zahlen damit man mich als Buchhandlung findet?»
«Ja.»

«Was würde nun geschehen, wenn ich dazu nicht bereit wäre?»
«Dann würden Sie unter D zu finden sein.»
«Nicht mehr unter B wie Buchhandlung?»
«Korrekt.»
«Verstehe ich das richtig, ich muss ab jetzt zusätzlich Geld locker machen, damit der bisherige Eintrag im Telefonbuch so bleibt?»
«Äh, ja.»
«Also ich finde unter B wie Buchhandlung oder G wie Gärtnerei nur noch die Betriebe, die bereit sind, dafür zu zahlen?»
«Kann man so sagen, ja. Aber es kostet ja nur ... »

Jetzt wird die Swisscom für ein paar Milliarden in den freien Markt geschubst. Machen wir das doch gleich auch mit der Feuerwehr: «Wenn Sie Ihr brennendes Haus mit der Vollbesatzung sofort gelöscht haben möchten, dann geben Sie bitte die Daten Ihrer Kreditkarte an, ansonsten drücken Sie Taste 2 für Aufräumarbeiten zum Weekend-Tarif ... »

Neulich vor einem Lebensmittelladen im Quartier.

«Ha! Jetzt gehts Euch Buchhändlern an den Kragen!»
Ich drehte mich um, es war Eugen: «Wieso? Was meinst Du, die Preisbindungs-Sache?»
«Nöö! Die E-Books natürlich. Hab mir so ein Ding angeschafft. Klasse, sag ich Dir. So groß wie ein Rechner und auf den kann ich den ganzen Stephen King herunterladen.»
Eindruck zeigend äußerte ich mich mit «Wow!»
«Ja ja! Einloggen, Kreditkartennummer eingeben und schon ist der Wälzer in meinem coolen E-Book.»
«Und warum soll es uns Buchhändlern an den Kragen gehen?» fragte ich ebenso cool zurück.
«Na, ich hol mir das Buch mit Tastendruck im Pijama nach Hause. Fertig mit Gequassel im Laden, und mit dem Altkarton durch die Büchersendungen ist auch Schluss.»
«Hm ... »
«Was ‹hm›? Keine Panik?»
«Nee.»
«Das ist doch mega, so ein E-Book.»
«Was ist, wenn der Akku alle ist?»
«Geht lange und wenn, dann wird eben ersetzt.»
«Wenn Sonnencreme oder Sand daran kommt?»
«Och, ich passe ein bisschen besser auf.»
«Wenn das Display spiegelt oder die Sonne darauf scheint?»
«Na dann setze ich mich in den Schatten.»
«Wenn Du etwas Markieren oder anmerken willst?»
«Geht auch digital.»
«Und wenn Du es ausleihen willst?»
«Kann ich per Email.»
Unterdessen betraten wir den Lebensmittelladen. Eugen be-

gleitete mich. Ich ging auf eine Dame zu, die gerade in den Regalen herumräumte und fragte:
«Verzeihung, können Sie mir bitte sagen wo ich den Rotwein im Tetra Pak finde?»
Die Dame zeigte mir die Richtung und verdrehte dabei leicht die Augen. Dankend ging ich weiter, Eugen hielt mich an der Schulter fest und fragte: «Sag mal, Du trinkst doch nicht etwa Rotwein aus dem Karton.» Ich blieb stehen und sah ihn an: «Eben.»

Bestellen für Anfänger

«Möchten Sie die Beratung auf Deutsch, dann drücken Sie Taste 1»
Tue ich.
«Haben Sie unseren Möbelkatalog vor sich aufgeschlagen, dann drücken Sie die Taste 2. Wenn nicht, dann drücken Sie die 3.»
Mache ich.
«Wissen Sie die 8-stellige Artikelnummer, dann drücken Sie die Taste 5, ansonsten ... »
Ich drücke die andere.
«Was kann ich für Sie tun?», höre ich eine Originalstimme lächeln.
«Ich hätte gerne 15 Klappstühle Marke ´Nick´ in Schwarz bestellt. Die Transportkosten übernehme ich.»
«Leider gehört dieser Artikel nicht in den Onlineshop. Aber unsere Filialen haben ihn am Lager.»
«Gut, dann möchte ich die Bestellung gerne an die nächstgelegene Filiale aufgeben.»
«Verzeihung, aber das geht nicht.»
«Bitte?»
«Sie müssen hinfahren und dort an der Kasse die Stühle reservieren lassen, dann kann geliefert werden.»
Dieses Erlebnis hatte ich vor zwei Wochen.

Dieses vor wenigen Tagen:

Im ICE von Hamburg Altona via Basel nach Zürich. Ich stehe im Bistrowagen an der Theke: «Bitte geben Sie mir ein Weizenbier und die *Süddeutsche Zeitung.*
Der Barmann gießt und tippt ein. Beim Zeitungscode piepst es seltsam aus der Kasse. Er holt Hilfe. Sein Kollege mit sicht-

lich längerer Erfahrung erklärt: «Es ist so ... ähm ... ab Schweizer Grenze dürfen wir keine Zeitungen mehr verkaufen.»
Ich: «Aber Bier.»
Er: «Ja, das ist irgend so eine Regel» und räuspert sich.
Ich: «Grenzenlos Alkohol, aber kein Lesen mehr ab Basel.»
Er: «Ich weiß, ist irgendwie doof, aber wir müssen uns daran halten.»
Nach diesem Satz setze ich mich, schnaubend mit dem Weizenbier, und der Barmann räumt die Zeitungen in die Schublade. Habe ich da etwas falsch verstanden? Wird die Welt nun zu einem Dorf oder ist's umgekehrt?

Rolf Lyssy
9. Vorwort – Kolumne im April 2004

Bekanntlich gilt im Zuge der Globalisierung in allen Unternehmungen und Dienstleistungsbetrieben mittlerweile das oberste Gebot: Profitmaximierung. Während Politiker, Wirtschaftsleute und schliesslich auch noch das Volk über die Frage, was von den Staatsbetrieben dem allgemeinen Trend der Privatisierung anheim fallen soll, mit- und gegeneinander im Clinch liegen, hat die Schweizer Post die Zeichen der Zeit verstanden und umgarnt in ihren Poststellen die Kunden mit zusätzlichen Serviceleistungen. Ich denke, das ist nur der Anfang der allgegenwärtigen Durch- und Vermischung des Angebots von Konsumgütern jedwelcher Art überall dort, wo sich potentielle KäuferInnen herumtreiben.

Nun, was einem anfänglich irritierte, aber auch belustigte, ist mittlerweile zur Gewohnheit geworden. Die Post ist ein Gemischtwarenladen, wie andere auch. Und dort, wo unrentable Poststellen schliessen, wie auch in meinem Quartier, springt dann eine Apotheke in die Versorgungslücke und mutiert in einer Ecke des Geschäfts zur Postdienstleistungsstelle. Diversifizieren heisst das im Fachjargon. Die Grossen machens vor. Warum sollen die KMUs hintenanstehen?

Persönlich

Das Fräulein am Postschalter war wirklich sehr nett und zuvorkommend. Als wir unser Geschäft abgewickelt hatten und ich die erstandenen Briefmarken entgegennahm, fragte sie mich aus heiterem Himmel, ob ich Interesse an Visitenkarten hätte. Noch bevor ich antworten konnte, zeigte sie mir ein bedrucktes Blatt mit einer Auswahl Entwürfe. Verschiedene Schriftarten, farbig, schwarz/weiss, sogar mit der Möglichkeit das eigene Konterfei abzubilden. Überraschend, was mir da unaufgefordert angeboten wurde. Denn wer käme auf die Idee, bei der Post persönliche Visitenkarten anfertigen zu lassen. Natürlich hatte ich schon seit längerem festgestellt, wie die Schalterräume der Poststellen sukzessive in Gemischtwarenläden umfunktioniert wurden. Auch wenn sich das Angebot vorläufig auf Papeterieprodukte und Bücher beschränkt. Aber wer sagt denn, dass es dabei bleiben wird. Vielleicht präsentiert mir bei Gelegenheit die Dame am Schalter, nachdem ich meine Einzahlungen getätigt habe, eine Auswahl Herrentoilettenartikel und andere persönliche Accessoires.

Keine Frage, auch die öffentlichen Verkehrsmittel werden nicht untätig bleiben. Es würde mich nicht wundern, wenn künftig ganze Bahn- und Tramzüge, aber auch Schiffe und Busse ihren Service public ausweiten. Man steigt z.B. in den Zug nach Bern und kann während der Fahrt durch die ganze Länge der Wagenkomposition schlendern, wo alles an Produkten angeboten wird, was des Menschen Herz begehrt. Von Mode, Haushalt- und Hygieneartikel, über Spielwaren, zu allen Arten von Genussmitteln, usw. usf. War da nicht kürzlich zu lesen, dass sich Kirchenleute mit dem Gedanken tragen, ihre Gotteshäuser umzunutzen. Hallensport fürs Volk.
Why not!

10. Vorwort – Kolumne im Mai 2004

Wenn man die Geschichte des Zürcher Schauspielhauses seit dem Ende des zweiter Weltkrieges verfolgt, so fällt auf, dass es immer wieder mal zu mehr oder weniger heftigen Auseinandersetzungen zwischen den jeweiligen Intendanten und dem Verwaltungsrat kam. Schuld waren neben programmkonzeptionellen und damit verbundenen wirtschaftlichen Meinungs- zweifellos auch Mentalitätsunterschiede zwischen den ans Haus berufenen Intendanten aus Deutschland oder Österreich und den Verantwortlichen der Schauspielhaus AG. Umso grösser die Freude, aber auch die Erwartung, als nach langen Jahren in der Person von Christoph Marthaler wieder ein waschechter Zürcher den Intendantenposten übernahm. Und das nicht nur für die Pfauenbühne, sondern auch noch für zwei weitere Spielräume in der Schiffbauhalle, die, auf Wunsch von Marthaler, und mit dem Segen von Regierung und Verwaltungsrat, zur Dependance des Schauspielhauses im Westen der Stadt eingerichtet wurden. Das ging anfänglich ganz gut, aber dann wurde immer deutlicher, dass Marthaler zwar der Boss war, seine Chefdramaturgin Stefanie Carp jedoch das Zepter führte. Und dies in einer Art und Weise, die unter anderem dazu beitrug, dass, abgesehen vom unaufhaltsamen Zuschauerrückgang, die Spannungen inner- und ausserhalb des Theaters zunahmen. Die Auseinandersetzungen zwischen Theaterleitung und Verwaltungsrat eskalierten, was schliesslich nach drei Jahren zum vorzeitigen Abgang der Marthalertruppe führte.

In der Folge hat eine neue Mannschaft unter dem Intendanten Matthias Hartmann den drastischen Zuschauerrückgang schon in der ersten Spielzeit bremsen können. Das Zürcher Abonnentenpublikum, mit einer deutlichen Neigung zu einem eher konventionell-tradionellen Theatergeschmack, welches seinerzeit enttäuscht und verärgert, über das was ihnen auf der Bühne zugemutet wurde, seine Stammplätze aufkündigte, wagt sich wieder ins Pfauentheater. Prominente die sich einst für Marthaler stark machten und gegen seine Kündigung durch den Verwaltungsrat lauthals protestierten, lassen sich das neue Programm wohlgefallen. Zwar gab es vor einigen Monaten zwischen Verwaltungsrat und Direktion einerseits und dem Bühnenpersonal anderseits, eine heftige Auseinandersetzung zum Thema Löhne, die schliesslich, einmalig in der Zürcher Theatergeschichte, zu einem Streik führte. Mittlerweile haben sich die Gemüter beruhigt und das vorübergehend gefährlich schlingernde Theaterschiff unter Kapitän Hartmann ist wieder voll auf Kurs. Ob die Richtung stimmt, wird sich spätestens dann zeigen, wenn auch diese Ära Geschichte geworden ist.

Persönlich

Geht es Ihnen, liebe TagblättlerInnen, nicht auch so? Manchmal kommt man sich als Bürger dieser Stadt wirklich verarscht vor. Und zwar von Leuten, die eingeladen wurden, um hier Theater zu machen. Um uns mit ihrer Kunst, ihrem Können, zu unterhalten, zu verführen, zum Nachdenken anzuregen und, warum nicht, auch den kritischen Spiegel vorzuhalten. Aber dann und wann versteigen sie sich in ein unerträgliches Gemotze voller giftiger Vorurteile und Beleidigungen, dass man auch als besonnener Bürger, abseits jeder vaterländischen Lobhudelei, beinahe zum eingefleischten Patrioten wird. Mir geht es jedenfalls so.
Begonnen hat es mit abfälligen Äusserungen der Schauspiel-

haus Chefideologin Stefanie Carp über die reiche Geizkragenstadt Zürich, für die Kultur ein Fremdwort sei. So hat sie's zwar nicht formuliert, aber sinngemäss sicher gemeint. Dann kam der Rabauke Schliengensief, teilte provozierend geschmacklose Rundumschläge aus und die Jelinek gab von Ferne verbale Unterstützung.

Auch Frank Castorf, Intendant der Volksbühne Berlin, hat schon hier inszeniert, uns u.a. fünf Stunden sein *Berlin Alexanderplatz* um die Ohren gehauen. Und dabei eine schöne Stange Geld abgeholt. Neuestens stänkert auch er, als Kolumnist in der Berliner Zeitung, bezichtigt er die Schweizer der Herzlosigkeit, ist überzeugt, dass wir uns deswegen selbst zerstören und stellt fest, dass fast jeder ältere Schweizer der nicht schwul sei, eine gelbe, schwarze oder grüne Frau hätte. Ist das nun ostdeutsch eingefärbtes Biertischgeblödel oder hat das was mit angewandter höherer Ironie zu tun? Ich vermute ersteres und finde, etwas Stil würde den Herrschaften zweifellos gut anstehen.

11. Vorwort – Kolumne im Juli 2004

Der Sommer 04 war bei weitem nicht so heiss, wie der Sommer 03, aber was sich in jenem besagten Jahr der Öffentlichkeit an skandalträchtigen Auseinandersetzungen zwischen unbescholtenen Privatpersonen und sturen Staatsbeamten darbot, konnte einem den Zornesschweiss auf die Stirne treiben.

Mit einem fiesen Versprechen hatte eine Zürcher Oberrichterin ein achtjähriges Mädchen und seinen um zwei Jahre jüngeren Bruder aus einem Kinderheim entführt und in ein Flugzeug nach Übersee verfrachtet. Per Gerichtsbeschluss waren die beiden Geschwister der in der Schweiz ansässigen Mutter weggenommen und dem in Australien lebenden Vater zugesprochen worden. Eine ganze Reihe angesehener Persönlichkeiten hatten sich gegen die Trennung der Kinder von der Mutter engagiert. Über Wochen berichteten die Zeitungen von dieser traurig-tragischen Geschichte, die bis heute nicht zum Wohl der Kinder geklärt werden konnte.

Das Thema Vormundschaft, und alles was an behördlicher Willkür damit in Zusammenhang gebracht werden kann, ist seit Bestehen dieser ursprünglich zum Schutz des Kindes gegründeten Institution bis heute ein Dauerbrenner, der an Dramatik und den daraus resultierenden menschlichen Tragödien nichts zu wünschen übrig lässt.

Wenn Beamte, die ihnen zugetragene Verantwortung nicht nach bestem Wissen und Gewissen wahrnehmen, ihre Integrität und den damit verbundenen Vetrauenskredit durch perfides, machtlüsternes Verhalten aufs Spiel setzen, um das Recht über die Gerechtigkeit zu stellen, dann kann die Demokratie abdanken. Eine Gesellschaft ist so stark, wie ihre schwächsten Glieder. Das ist zwar ein altbekannter Spruch, aber man kann ihn nicht genug immer wieder von Neuem in Erinnerung rufen.

Persönlich

Wie Wasser-Korn-Kaffee- oder Windmühlen funktionieren, weiss heutzutage jedermann. Bei der Justiz wird die Sache komplexer. Deren Mühlen mahlen nicht nur langsam, sondern von Fall zu Fall nachgerade seelenzerstörend. Erst recht, wenn die Psychiatrie mitbeteiligt ist.

Zum Beispiel bei der durch die Medien bekannt gemachten Geschichte von zwei Kindern, sechs und acht Jahre alt, die der Mutter vor fünf Monaten weggenommen und in ein Heim verfrachtet wurden. Nicht irgendwo auf dieser Welt, nein, in unserer nächsten CH-Umgebung. Es handelt sich dabei um eine dieser unzähligen, tragischen Scheidungsgeschichten. Um die Hintergründe in allen Details aufzurollen, fehlt hier der Platz. Entscheidend ist, dass die beiden Geschwister seelisch und körperlich unter der Trennung sehr leiden. Dazu meint ein Fachexperte, der schwere psychische Störungen diagnostiziert hat, eine Rückplatzierung zur Mutter hätte eine Verunsicherung bei den Kindern zur Folge und wäre noch schlimmer als der Heimaufenthalt! Eine Dame im zuständigen Bundesamt ist überzeugt, dass die Kinder zum Vater nach Australien zurück müssten, obwohl sie nicht englisch sprechen. Was geht bloss in solchen Köpfen vor?

Dann lese ich von einem papierlosen, jungen Mannes aus Tschetschenien, dessen Eltern im Krieg umgekommen sind, der vor sieben Jahren in die Schweiz flüchtete, sich bestens in unsere Gesellschaft integriert hat, einen makellosen Leumund vorweisen kann und hier seine Lebenspartnerin heiraten möchte. Denkste! Ende September wird er ausgewiesen, weil man beim zuständigen Bundesamt seine Geschichte nicht glauben will.

Beamte, sagt man, seien auch nur Menschen. Ist das wirklich so?

12. Vorwort – Kolumne im August 2004

Die Rubrik «Persönlich» unter der unsere Kolumnen im Tagblatt auf der letzten Seite jeweils publiziert werden, gibt den Verfassern viel thematische Freiheit. Unter diesem Titel lässt sich folgedessen ein breites Spektrum von ausgesprochen persönlichen Erfahrungen, Meinungen, Denkanstössen formulieren. Da ich ein aufmerksamer Zeitungsleser bin, finde ich in den meisten Fällen die Themen über die ich schreiben möchte, in der Presse. Wobei zu beachten ist, dass wenn man nur einmal im Monat an der Reihe ist, die unmittelbare Aktualität, wie sie z.B. bei täglichen Kolumnen Vorrang hat, eine untergeordnete Rolle spielt. Das macht die Sache bezüglich Themenwahl nicht immer so einfach, wie es auf den ersten Blick erscheinen mag.

Und so kommen dann abwechslungsweise auch im wahrsten Sinn des Wortes persönliche Erlebnisse, die mich betreffen oder betroffen machen, zum Zug. Da fliesst dann je nach dem Ärger, Freude oder auch Anteilnahme, über das was mir widerfahren ist, in den Text ein.

Die folgende Kolumne basiert auf einem dieser unvergesslichen persönlichen Erlebnisse. Ergänzen möchte ich die Geschichte, mit einem Vorfall, der schon einige Jahre her ist. An einem lauen Sommerabend sass ich mit einem Freund auf der gemütlichen Terrasse eines Zürcher Restaurants, abseits vom Verkehrslärm und doch mitten in der Stadt. Wir warteten auf das Essen, waren in ein angeregtes Gespräch vertieft, als eine süsse, kleine Feldmaus, um die Beine unseres Gartentischs kurvte. Für einen Moment hielt sie inne und putzte mit den Vorderpfoten ihre Schnauze. Da schoss unvermittelt aus dem nahen Busch, der in die Terrasse hineinragte, ein ausgewachsener Fuchs hervor, geradewegs auf die Maus zu, packte sie und in no time war das jämmerlich quitschende, herzige Mäuslein zwischen den Zähnen des Raubtiers verschwunden. Wir waren Zeugen eines Spektakels der besonderen Art geworden und es dauerte danach einen Moment, bis wir den Faden unseres Gesprächs wieder gefunden hatten.

Persönlich

Ein Schuss durchbrach die mitternächtliche Stunde. Es war vollbracht. Ich war schon einige Zeit wachgelegen und konnte nicht einschlafen, weil ein störendes Geräusch durchs offene Fenster drang. In kurzen Unterbrüchen hörte ich immer wieder ein Kratzen, Scheppern von Metall, heftiges Rütteln, aber es war mir nicht möglich herauszufinden, was das für ein Lärm sein konnte. Und dann plötzlich der Schuss. Ich sprang aus dem Bett, eilte ins andere Zimmer und schaute aus dem Fenster hinunter in den zwei Stock tiefer liegenden Garten. Dort, im Schein einer Taschenlampe, sah ich, wie ein Mann einen dunklen Gegenstand in einen Plastiksack verstaute. Es war einer der vielen Füchse, die sich in unserer unmittelbaren Nachbarschaft nächtens unverfroren herumtreiben, vom Wildhüter in der seit längerem aufgestellten Fuchsfalle erschossen worden.

Einige Tage später wiederholte sich die Szene. Der nächste Fuchs in der Falle, der Wildhüter im Anmarsch, Päng und Tschüss. Die ausgelegten Köder in der Falle warten nun auf einen weiteren Kandidaten.

Einige werden jetzt ihre Empörung zum Ausdruck bringen: ««Die arme Tierli!» Aber es gilt zu bedenken: die Schäden, die durch Stadtfüchse verursacht werden, belaufen sich täglich auf mehrere tausend Franken. Das Problem ist offensichtlich.

Meine Hausnachbarn im Parterre hatten in ihrer Wohnung schon mehrmals unangemeldeten Besuch von Meister Reinecke – damit verbunden Dreck, Kot und kaputte Gegenstände.

Mit den einst berühmt berüchtigten Stadtindianern konnte man wenigstens reden. Bei den Stadtfüchsen klappt das leider (noch) nicht. Und so ist der Wildhüter in unseren Revieren weiterhin ein gefragter Mann.

Urs Heinz Aerni
Was antwortet man einem bekennenden Nichtleser?

Ich traue meinen bebrillten Augen nicht. Da bekomme ich doch eine Email, in der ein junger Mann zugibt, dass er nicht gerne liest und überhaupt Bücher überflüssig seien. Und das schreibt der mir, dem militanten Leseförderer und subersiven Bücheragenten. Was soll ich tun? Antworten? Wenn ich antworte, dann laufe ich Gefahr mit dem erhobenen Zeigefinger zu schreiben – was allerdings mit dem Zehnfingersystem eine Herausforderung bedeutet. Ich könnte ihn bemitleiden und ihm zeigen, was er alles verpasst. Das «Kino im Kopf», das Spiel mit der Sprache, die Anspielungen zwischen den Zeilen oder schlicht den Genuss, ein lärmfreies Hobby zu betreiben. Aber ob das diesen lesefaulen Knaben hinter dem PC hervor lockt?

Diesem Nichtleser muss geholfen werden. Ihm müsste man die Fernbedienung aus der Hand schlagen, den Internetzugang verbarrikadieren und in eine Bücherei einsperren, bei Wasser und Brot. ... Sie schütteln den Kopf? Sie haben Recht. Solche archaische Methoden führen höchstens dazu, dass er mir den 24-bändigen Brockhaus um die Ohren schmeißt. Lieb zureden müsste man ihm vielleicht. Zeigen, wie Lesen zum Leben gehört. Dass Leben ohne Lesen kein Leben ist. Oder wie lustvolles Lesen ganz lustig sein kann. Wie sagt man so schön? Wer liest genießt.

Ich würde ihm väterlich den Arm um die Schultern legen, ihm die langen Bücherregale in der Stadtbibliothek oder in einer schönen Buchhandlung vorführen. Erklären dass hier Welten lagern und warten, entdeckt zu werden. Doch ich seh's kommen. Er schaut die Bücherwand hoch und sagt: «Nö, nix für mich. Geh lieber gamen.» Ich geb auf. Ich brauche Ihre Hilfe. Was soll ich dem jungen Emailer antworten? Haben Sie eine Idee? ursaerni@web.de.

Notiz

Irgendwann begannen ganze Städte nur ein Buch zu lesen. Im Ausland wurden Leseaktionen lancierte, in denen die interessierte Einwohnerschaft zwischen drei Buchtiteln einen bestimmten durften, der dann von so vielen wie möglich gelesen werden sollte. Nun hält die Idee auch in der Schweiz Einzug.

Zürich liest anders ... bis zum nächsten Harry Potter

Basel und Luzern. Was haben diese Städte gemeinsam? Na? Falsch: nicht die Fasnacht. Die Antwort lautet: ein Buch. Beide Städte haben sich entschlossen, ein Buch zu lesen. Nein, nicht ein EIN Buch, sondern einen Titel. Durch Umfragen entschied man sich für einen Buchtitel, der allüberall gelesen werden soll. Basel votierte für einen Roman von Kurkow und Luzern für den neuesten von Genazino. Die Idee ist ja ganz nett, aber doch irgendwie einengend, nicht? Stellen Sie sich vor, wir müssten hier in Zürich plötzlich alle das selbe lesen. Vor kurzem beobachtete ich eine Frau und einen Mann im 67-er Bus. Beide saßen nebeneinander und lasen. Der Fahrer genoss sichtlich das Holpern der unebenen Straße, so dass die beiden Lesenden sich gegenseitig berührten und entschuldigten. Das eine Wort löste das andere aus und schon verfingen sie sich im gegenseitigen Befragen über die Lektüre.

Die Frau schwärmte über den Krimi, er zitierte aus dem PC-Handbuch. Am Goldbrunnenplatz stiegen die beiden aus und blieben plaudernd stehen, während der Bus weiter fuhr. Ich frage mich, ob so ein Gespräch entstanden wäre, wenn beide den selben Roman gelesen hätten. Frisch womöglich. - Tja, Sie sehen, Zürich liest auch, aber anders. Unsere Stadt ist eben für die Artenvielfalt. Doch, seit dem 8.11. liest ja sowieso die ganze deutschsprachige Welt ein und dasselbe Buch! Ein Jugendbuch sei es, äh moment, nein der «Zauberlehrling» von Goethe ist es nicht, warten Sie, mir kommt es schon noch in den Sinn, hm ... wie heißt nochmal dieser neue Jugendroman? Verflixt, nein nein, von Kästner ist es nicht, eine Frau hats geschrieben. Kind und Kegel lesen das jetzt. Ah! Bowling heißt sie ... oder so ähnlich ...

Gutschein für Nichtlesende

In der Straßenbahn Nummer 3 traf ich Adrian. Ich kenne ihn vom Zivilschutz her. Wir haben zusammen Patienten zwischen Krankenhäusern und Heimen transportiert. Er ist ein netter Kerl, stolzer Familienvater und auf der Bank verschiebt er Millionen von Zürich nach London oder sonst wohin. Er liest das Tagblatt Tag für Tag, aber leider nicht mehr. Er gesteht, dass er sich mit dem Bücherlesen schwer tut. Nach vier Seiten verlässt ihn der Wille, ja die Freude. Er sei eben ein Filmfreak aber im gleichen Atemzug gibt er zu, dass dies natürlich kein Ersatz fürs Lesen sei. «Aber was tun», fragt er frei und offen und rollt das Tagblatt zusammen.

Für ihn und allen Zeitgenössinnen und Zeitgenossen , denen es ähnlich ergeht, verwandeln wir nun diese Kolumne in einen GUTSCHEIN! Schneiden Sie diese Kolumne aus und legen Sie den Zettel einer Bibliothekarin oder einem Buchhändler auf die Info-Desk. Und sagen Sie: «Bitte lesen Sie das.»:

Liebe Bibliothekarin, liebe Buchhändlerin,
Geben Sie dieser Dame oder Herrn (Zutreffendes unterstreichen) ein Buch, das die Lust des Lesens entflammt oder wieder erweckt. Es soll süchtig machen und bewirken, dass die Dame oder der Herr wiederkommt und gierig schreit: «Ich will mehr!» Nehmen Sie sich Zeit, und wandeln Sie durch die Regale während unser Gutscheinbesitzer der Lektüre harrend irgendwo Platz nimmt.

Tja, meine Leserinnen und Leser, so finden Sie gewiss den Weg zu einem Leseerlebnis der neuen Art und dann werden Sie vom Balkon herunterschreien: «Wie konnte ich ohne Bücher so lange leben!»

Es grüßt Sie für heute, Ihr Lesensretter.

Arbeit kann Spaß machen

Da sitzen sie, die Pendler im Zugsabteil zwischen Zürich und Zug. Übernächtigt, übermüdet und das Wochenende sitzt noch im Genick. Die Stimmung ist trüb und die Aussicht auf einen erfreulichen Büro-Montag ebenso. Ein Kaffee muss her, tiefschwarz und stark. Es scheppert von hinten, der verheißende Klang der Minibar. Kwasi Nyankson stammt aus Ghana und ist heute der Railbar-Stewart. Er lächelt und witzelt, er grüßt und wünscht einen guten Start, er sieht den Leuten in die Augen, zwinkert und schmunzelt dass es nur so eine Freude ist, als schiene die afrikanische Sonne durchs Zugsabteil. Kwasi Nyankson liebt seinen Job. In der Fernsehsendung *Quer* sagte er, dass er eigentlich nur Glück und Getränke verkaufe. Für ihn sei jeder Arbeitstag ein neuer Tag.
Die Minibar rumpelt durch die Sitzreihen und verwandelt die Montagsmorgenminen zu Freitagsabendgesichtern. «Hut ab», sag ich mir. Deshalb erhielt er übrigens vor kurzem auch den *Service-Ship-Award* in Luzern als Auszeichnung für seine ungewohnte Art der Kundenbetreuung. Man macht sich so seine Gedanken, wie zum Beispiel über die Sorgen der Gastronomie, da Urlauber immer mehr nach Österreich abwandern, oder über das Gejammer der Diensleister wegen ausbleibender Kundschaft. Vielleicht, wage ich hier mal zu behaupten, liegt es nicht immer an der sogenannten Überteuerung ...
Einmal, so erzählte mir Nyankson, habe ein Fahrgast gesagt: «Ist doch toll, dass Sie schwarz fahren können, was?». Dann habe er über seinen lausigen Spruch laut gelacht. Daraufhin erwiderte unser Minibarmann: «Ja, aber ich verdiene dabei und Sie müssen zahlen». Also ich finde, er hat diesen Award verdient, Sie auch?

Rettet die Kleinbuchhandlungen

Sie machen dicht, schließen die Tore, verschwinden und liquidieren, die kleinen Buchhandlungen. Soeben las ich in einer Zürcher Tageszeitung von zwei Buchhandlungen, die sich von der Kundschaft für immer verabschieden. Was sind die Gründe? Ist der Schatten zu schwarz, der durch Großbuchhandlungen und Kettendiscounter geworfen wird? Oder liegt es an den kleinen Läden selbst? Zu schummrig, zu mikrig oder sogar zu persönlich? Aber genau das brauchen wir doch im anonymen Globalisierungszeitalter! Wir haben unseren persönlichen Arzt wenn der Hals juckt, unseren Zahnarzt wenn das Zahnfleisch brennt und unseren Frisör wenn die Haare die Sicht verdecken.

Warum also nicht auch ein Buchhändler wenn wir lesen wollen was uns unterhält oder bildet? Die für unser Lesewohl mit Rat und Buch zur Stelle ist. Kleine- und Minibuchhandlungen garantieren nicht lediglich eine Lesensmittelversorgung, sie tragen zur «Artenvielfalt» an Texten, Meinungen, Thesen und Künsten bei. Ein Quartier ohne Buchhandlung ist doch wie Kino ohne Popcorn. Und Hand aufs Herz, der Einkauf per Mausklick im Internet ist ja auch nicht gerade Erlebniskauf pur. Oder? Nun, jetzt will ich es von Ihnen wissen. Was erwarten Sie von einer Kleinbuchhandlung? Was braucht es, dass Sie den Weg dorthin finden? Eine Umarmung als Begrüßung, das Auslegen eines roten Teppichs, Gratisparkplatz, Freibier oder einfach seltene Bücher?

Genug Gründe für Gründungen

Was haben wir gestaunt, ja gelacht über die Gründung einer Auto-Partei, einer Vereinigung von Autobesitzern, die sich auf politischer Bühne ihr Recht auf geteerte Lebenswege erkämpfen wollten. Jetzt gibt es aber auch eine Vereinigung der «Autofreien», nach Jahren die entsprechende Reaktion also. Es können auch Mitglieder aufgenommen werden, die «noch ein Auto» haben. Als autobefreiten SBB-Benutzer machte ich mir da schon Beitrittsgedanken aber dann hielt ich inne. Mich stört ja so manches in unserer hochzivilisierten Welt und wenn all dem Ungemach des Alltags mit Vereinen, Partei und Clubs begegnet werden müsste, so fänden wir uns doch laufend an Generalversammlungen wieder. Wenn mir so ein erdverkrusteter Biker auf dem Wanderweg auf 1500 Meter über Meer vor die Füße kommt, dann wäre ein Club der Wanderer gegen die Mountainbiker fällig. Wenn neben mir ein unsäglich alter Schlagersong als Handyklingelton losträllert, dann ruf ich nach der Partei gegen schlechten Musikgeschmack im Nokia-Format.

Wenn eine Bierdose auf dem Seewasser schaukelt, dann wäre ein «Verein gegen Büchsen bei den Fischen» nötig und wenn Laubbläser gegen liegende Baumblätter lärmt, dann gründen wir eine «Interessengesellschaft gegen Hauswarte im Ghostbusters-Look». Aber vielleicht gründen wir schlicht einen Club der «vernünftigen Menschen, die Umwelt schonen, besonnen genießen und für künftige Lebensfröhlichkeit appellieren»? Oder noch besser, wir tun es einfach und lassen die Traktandensitzung fliegen.

Rolf Lyssy
13. Vorwort – Kolumne im September 2004

Der September 04 war ein eminent wichtiger Monat, im Hinblick auf Abstimmungsentscheide in der Stadt Zürich. Es ging um Filmförderung und städtische Drogenpolitik. Zur letzterer hatte ich im August nach zwei jähriger Arbeit einen knapp stündigen Dokumentarfilm fertiggestellt, mit dem Titel «Wäg vo de Gass!» Ein Plädoyer für die kontrollierte Heroinabgabe. Anfangs September lief der Film bis zur Abstimmung einmal täglich im Kino. Knapp ein halbes Jahr später wurde er im Schweizer Fernsehen, in der Sendung «Filmszene Schweiz» ausgestrahlt.

Der Erscheinungstermin meiner Kolumne fiel optimal in die zweite Septemberwoche und so wollte ich den Moment auf keinen Fall verpassen, zu diesen beiden Themen Stellung zu beziehen und die LeserInnen auf die kommende Abstimmung hinweisen, bzw. ihnen klar zu machen, dass sie den Beitrag zur neu gegründeten Zürcher Filmstiftung, sowie die Weiterführung der bisherigen Drogenpolitik zustimmen sollten.

Zwölf Jahre hatte ich den «Verein Zürich für den Film» von Beginn weg präsidiert. Der Verein in dem alle Sparten der Zürcher Filmbranche vertreten waren wurde 1984 nach einer verlorenen Abstimmung, bei der es auch um die Ausrichtung eines Filmkredits gegangen war, ins Leben gerufen. Die Bundesfilmförderung und die Beteiligung des Fernsehens reichten seit jeher bei weitem nicht aus, um die Finanzierung eines in der Schweiz produzierten Films sicher zu stellen. Dank intensiver Lobbyarbeit bei den Kantons- und Gemeinderäten, sowie beim Regierungsrat, gelang es uns, 1987 eine reglementierte Zürcher Filmförderung zu etablieren.

Ende der neunziger Jahre zeichnete sich jedoch immer deutlicher ab, dass in absehbare Frist eine Aufstockung des Zürcher Filmkredits unumgänglich sein würde. Erneut leisteten die Mitglieder von «Zürich für den Film» unter dem Präsidium des Filmemachers Andres Brütsch, mit grossem Engagement Überzeugungsarbeit bei den Politikern und in der Öffentlichkeit. Ein Quantensprung, nämlich die Forderung nach einer Erhöhung des bestehenden Filmkredits um fast das Vierfache wurde anvisiert und schliesslich an jenem Abstimmungswochenende zur grossen Freude aller Beteiligten gewonnen.
Das betraf aber nicht nur den Filmkredit, auch die Gelder für die Weiterführung der kontrollierten Heroinabgabe wurden von einer beachtlichen Mehrheit des Volkes bewilligt. Ob mein Film «Wäg vo de Gass!» und der Aufruf in meiner Kolumne zum Abstimmungserfolg beigetragen haben, lässt sich auch im nachhinein weder messen noch beweisen. Aber als Filmemacher und Verfechter einer fortschrittliche Drogenpolitik regt sich in mir auch heute noch ein wenig Stolz auf das Erreichte.

Persönlich

Liebe StimmbürgerInnen, Achtung, es gilt! Am 26. September. stimmen wir über eine Erhöhung des Filmkredits der Stadt Zürich, von 750'000 auf 2,25 Millionen Franken ab. Damit soll die neu errichtete Filmstiftung dem Zürcher Filmschaffen einen tragfähigen Boden ermöglichen. Denn mit der Bundesfilm- und Fernsehförderung ist die ökonomische Basis für die Realisierung unserer Filme nach wie vor sehr schwach. Dass in letzter Zeit einige Schweizer und besonders Zürcher Filme beim Kinopublikum Erfolg hatten, geschah nicht wegen, sondern trotz dieser schwierigen Ausgangslage.

Wenn wir weiterhin ein innovatives, erfolgreiches Filmschaffen in unserer Stadt am Leben erhalten wollen, dann braucht es ein solidarisches «Ja» von uns allen. Ich denke, die Zeit ist reif, dass Zürich in den Genuss der effizientesten, fortschrittlichsten und wirtschaftlich sinnvollsten Filmförderung der Schweiz kommt. Einer Förderung, auf die wir Zürcher wahrlich stolz sein können. Denn Zürich ist das Zentrum des schweizerischen Filmschaffens, eine aufgeschlossene Kinostadt, um die uns viele Ausländer beneiden. Aber: Der Zürcher CH-Film muss im zeitweise fast erdrückenden Angebot internationaler Produktionen seinen Platz behaupten können. Das sind wir unserem filmbegeisterten Publikum schuldig. Und das funktioniert jedoch nur, wenn die nötigen Mittel zur Verfügung stehen. Ansonsten könnte es durchaus geschehen, dass wir früher oder später in die kinemathografische Bedeutungslosigkeit absinken. Wollen wir das zulassen?

Zürich als moderne Kulturstadt braucht eine zeitgemässe Filmförderung und – damit das auch gesagt ist – ein «Ja» zur Weiterführung der kontrollierten Heroinabgabe.

14. Vorwort – Kolumne im Oktober 2004

Die Zürcher StimmbürgerInnen hatten für ihre Entscheide bei der Abstimmung von jenem letzten Septemberwochenende 04 ein grosses Dankeschön verdient. Einen besseren Ort, als die «Persönlich-Spalte» auf der letzten Tagblattseite konnte ich mir gar nicht wünschen und so ist zum Inhalt der folgenden Kolumne nichts weiter beizufügen.

Persönlich

Zwar ist schon wieder einige Zeit verstrichen, aber der 26. September wird vielen lange in Erinnerung bleiben. An diesem Tag haben die ZürcherInnen bewiesen, dass sie mit Recht stolz auf ihre Stadt sein können. Beide Einbürgerungsinitiativen, die Mutterschaftsversicherung, die Weiterführung der Heroinabgabe und – ganz wichtig, was uns FilmemacherInnen betrifft – die Etablierung einer Filmstiftung, und die damit verbundene Erhöhung der kantonalen und städtischen Filmförderung auf 8.5 Mio. Franken, wurden angenommen. Ein Quantensprung!

In diesem Sinn möchte ich mich im Namen der Zürcher Filmschaffenden für diese Unterstützung, diesen Vertrauenszuspruch und dieses zum Ausdruck gebracht Wohlwollen der «Ja-BürgerInnen» herzlichst bedanken. Sie haben bewiesen, dass Ihnen unsere Filme etwas bedeuten und Sie haben uns Mut und Hoffnung gegeben. Wir wissen das sehr zu schätzen und ich darf ihnen versichern, dass alle Beteiligten der Filmbranche versuchen werden, ihre Ideen, ihre Fähigkeiten, ihr Know-how und ihre Erfahrungen optimal einzubringen, damit auch weiterhin die Filme entstehen können, die sich unser Publikum wünscht. Dass es nicht immer nur künstlerisch hochwertige Kassenknüller geben wird, liegt in der Natur der

Sache. Der Film – ein auch kommerziell orientiertes Produkt – ist wohl die komplexeste Kunstform unserer Zeit.

Und da – wie bei jeder kreativen Tätigkeit – Talent ein nicht zu unterschätzender Faktor und nicht immer genügend vorhanden ist, wird man wohl oder übel von Zeit zu Zeit auch den einen oder andern Flop akzeptieren müssen. Das soll uns aber nicht hindern, mit unseren Filmen nach den Sternen – auch Oscars genannt – zu greifen. Jedenfalls, wir bleiben dran!

15. Vorwort – Kolumne im November 2004

Manchmal lösen Kolumnen ein unerwartetes Echo aus. Man bekommt Lob oder Tadel von Leserseite oder wird sogar mit Naturalien beschenkt. So geschehen, dank meiner Begeisterung für die neue Rasierklinge Mach3 von Gillette. Dazu hatte ich auch allen Grund, wie man aus folgendem Text unschwer entnehmen kann. Und so kam es, dass ich etwa zwei Wochen nach Erscheinen der Kolumne, von der Gillette Generalvertretung Rasier-Gel, Aftershave und Ersatzklingen zusammen mit dem neuesten Power-Mach3 zugeschickt bekam. Jetzt war ich neben dem von mir gepriesene hightech Dreifachklingen Rasierer, auch im Besitz von dessen revolutionärer Weiterentwicklung, nämlich einer Version mit batteriebetriebener Vibration. Erinnern sie sich an das Plakat mit dem Konterfei von David Beckham? Meine Herren (und Damen), ich kann Ihnen sagen, von da ab wurde das Rasieren erst recht zum alltäglich lustvollen Ritual. Benützer dieses genialen Geräts werden meinen Hinweis auf den Nobelpreis bestimmt nicht übertrieben finden.

Persönlich

Nach was Menschen forschen und alles erfinden können, um andern Menschen im Alltag Erleichterung zu verschaffen. Ich denke da nicht etwa an Mikrowellenöfen, Putzroboter, Handys, Playstations, Trottinetts, Vibratoren oder irgendwelche Pillen, Salben, Haarwuchswässerchen, Lebensmittelverpackungsrafinessen, nein, ich denke an ein Produkt, das seit kurzem auf dem Markt ist und mir ein Glücksgefühl vermittelt, von dem ich früher nur träumte. Die Mach3 von Gillette. Lebensfreude pur.

Seit Ende der Pubertät zähle ich mich zu den bekennenden

Nassrasierern. Trotzdem war und ist eine unblutige Rasur bei mir eher selten. In der Rekrutenschule machte jeweils der Spruch die Runde: Lieber einmal im Jahr gebären, als jeden Tag rasieren! Dass ich bis heute trotzdem nicht auf trocken umstellte, liegt am Erfrischungsgefühl, das eine Nassrasur nun eben mal vermittelt.

Die Menscheit teilt sich bekanntlich global in zwei Lager. Das eine praktiziert die Nass-, das andere die Trockenrasur. Beide schwören auf ihr System. Kaum einer wechselt die Seite. Das könnte sich allerdings schnell einmal ändern. Und wenn mich nicht alles täuscht, wird es in Bälde zu Massenabwanderungen kommen.

Und das, weil geniale Tüfftler eine Dreifachklinge entwickelt haben, die mit dem dazugehörigen Rasiergerät, die tägliche Schneideprozedur zum lustvollen Erlebnis macht. No blood, no pain! Ich bin Abendrasierer und schon beim morgendlichen Erwachen freue ich mich jeweils auf den Moment, wo ich nach getaner Arbeit, die Barthaare schaumbeschlagen Mach3 like sanft entferne. Mein seelisch-körperliches Wohlbefinden könnte besser nicht sein. Wenn's nach mir ginge, einen Nobelpreis hätten diese Menschenfreunde allemal verdient.

16. Vorwort – Kolumne im Dezember 2004

So spät im Jahr, nämlich Ende Dezember, bot sich eine geraffte Rückschau auf das Jahr 2004 wohl am ehesten an, denn nur gerade ein paar locker formulierte Weihnachts- und Neujahreswünsche den LeserInnen des Tagblatts unterzujubeln, war mir zu wenig. Zuviel Tragisches und Dramatisches war geschehen. Glücklicherweise überwogen für mich persönlich die freudigen Ereignisse. Ich hatte es schon anders erlebt. Damals 1998, als ich von Februar bis September im eisernen Griff einer schweren Depression durchs Jahr vegetierte. Dabei im ständigen Zweifel, ob ich das Jahresende überhaupt lebend erreichen würde.

Dieses Revue passieren Ende 2004 machte mir mit einem Mal auch bewusst, dass sich seit jener Krise, sechs Jahre zuvor, mein Leben auf wunderbare Art und Weise im Gleichgewicht hielt. Und der Gedanke, in dieser Krankheit einen heilsamen Sinn gefunden zu haben, hatte durchaus seine Berechtigung. Und so war ich am Jahresende dem Schicksal, dass mich seither vor Abstürzen jedwelcher Art verschont hatte, einmal mehr dankbar.

Persönlich

Am Jahresende fällt mir jeweils der Liedtext einer Sendung aus der Frühzeit von Radio Beromünster ein: «Die Welt dreht sich im Kreis herum, mit Heisassa und Dideldum, die Wiege an der Bahre steht, das Lachen mit dem Weinen geht, was heute blüht ist morgen tot, das ist der Menschheit täglich Brot.»

So wars auch in diesem Jahr. Trauriges wechselte ab mit Freudigem. Babys aus dem Freundeskreis erblickten, gesund und buschper, das Licht der Welt. Freunde starben und machten

mir einmal mehr den Verlust des Lebens und die Vergänglichkeit an sich schmerzlich bewusst. Der ewige Kreislauf: Er drehte sich nicht immer nur zum Guten, aber glücklicherweise auch.
Mein «Baby» in diesem Jahr hiess: *Wäg vo de Gass!*, ein Dokumentarfilm über die kontrollierte Heroinabgabe. Ein Highlight des Jahres 2004 war für mich die Wiederbegegnung nach über vierzig Jahren, mit Sonny Rollins, dem grossen amerikanischen Tenorsaxofonisten, im KKL Luzern; ein weiteres das Seminar mit Studenten der F+F Schule, über Filmgeschichte. Eine an- und aufregende Novemberwoche im Big Apple und der damit verbundenen, wohltuenden Durchlüftung des Kopfes. Der Besuch im neuerstandenen MomA. Grossartig. Eine ganze Reihe von Begegnungen übers Jahr hinweg mit lieben Menschen, die viel dazu beitrugen, dass die gute Stimmung nicht allzusehr kippte.
Denn Grund zu Ärger, Wut und Empörung gab es genügend. Einige Stichworte, die daran erinnern, dass das Paradies auf Erden noch lange ein unerfüllter Traum bleiben wird: Zuerst natürlich der Eindruck von der unbeschreiblichen Flutkatastrophe am letzten Sonntag in Südasien, dann aber auch der Irak, Abu Ghraib, Guantànamo, Tschetschenien, Sudan, Bush's Wiederwahl etc.
Trotz alledem: Ihnen, liebe TagblattleserInnen, wünsche ich einen flotten Rutsch ins neue Jahr. Mögen dort alle Ihre (auch geheimen) Wünsche (endlich) in Erfüllung gehen.

17. Vorwort – Kolumne im Januar 2005

Eine der zweifellos bedenklichsten Geschichten, die sich im Sommer 04 in der Stadt Zürich abgespielt hatte, nahm ich zum Inhalt einer Kolumne. Nachzulesen in der Kolumne vom 02. 07. 04. Der Mutter Maya Wood wurden ihre beiden minderjährigen Kinder von der Vormundschaftsbehörde weggenommen und in der Nähe von Zürich in ein Heim gesteckt. Monate später wurden sie von dort durch eine Oberrichterin – man darf ruhig sagen – entführt und per Flugzeug nach Australien verfrachtet, wo deren Vater Anspruch auf seine Kindern geltend gemacht und vor Gericht Recht bekommen hatte.

Bis heute sind die Kinder dort in Obhut von Pflegeeltern, die allerdings zwischenzeitlich gewechselt haben. Der Vater darf die Kinder nur unter Aufsicht sehen und zu einer festgelegten Zeit kann die Mutter jeweils aus der Schweiz mit ihren Kindern telefonieren. Es ist eine familiäre Tragödie von unabsehbarem Ausmass, bei der die Justizbehörden eine höchst fragwürdige Rolle spielten. Das letzte Kapitel ist allerdings noch lange nicht geschrieben. Ob die Geschichte je zu einem guten Ende gebracht wird steht in den Sternen. Und wie sähe ein solches Happy End aus, wenn man bedenkt, was für ein irreparabler seelischer Schaden den Kindern durch unverantwortlich sture Gesetzeshüter zugefügt wurde?

Persönlich

Wer täglich eine Kolumne schreibt, der hat den Vorteil, dass er auf aktuelle Vorkommnisse eingehen kann. Und da gibt es ja genügend «Rohstoff», wie Zeitungsberichte, Fernsehsendungen oder auch ein unerwartetes Ereignis, im persönlichen Umfeld. Bei einer Kolumne pro Monat, sieht das schon etwas anders aus. Da möchte man seine Gedanken zu einem Thema kundtun und schon hat der unerbittliche Gang der Zeit selbiges aus dem öffentlichen Interesse hinweg geschwemmt. Wie heisst es dann: Schnee von gestern. Wie bei den meisten Fernsehsendungen, Sportveranstaltungen, Meldungen unter der Rubrik «Unglücksfälle und Verbrechen» oder ganz aktuell, die Solothurner Filmtage von letzter Woche. Auch wenn es sich um die 40. handelte.

Es gibt aber Vorfälle, die dürfen nicht zu Schnee von gestern werden.

Das wünsche ich mir jedenfalls für die beiden Kinder von Maya Wood. Ich hoffe, die Oberrichterin und ihre Kollegen Oberrichter, Paragraphenreiter aus Leidenschaft, die dieses Debakel zu verantworten haben, werden irgendwann zur Rechenschaft gezogen. Ein Oberrichter der sich mit den Worten äusserte: «Wir wollten, dass dieses Theater endlich ein Ende nimmt», ist untragbar.

Dass jetzt plötzlich Änderungen in der Vollzugsordnung vorgenommen werden sollten, um Rückführungen von entführten Kindern zu beschleunigen, ist ein schwacher Trost. Der Schaden ist angerichtet. Und dies unter Vortäuschung falscher Angaben, denn nach meinem Verständnis handelte es sich um eine fraglos widerrechtliche Entführung aus dem Heim in dem die Kinder untergebracht waren. Kann man Richter für so einen Tatbestand eigentlich auch belangen? Es ist jedenfalls kaum zu fassen, was für Purzelbäume das Rechtsverständnis in den Köpfen von Juristen schlagen kann.

Der Bundespräsident plädierte am WWF für mehr Gerechtigkeit in der Welt. Tönt ja ganz nett. Aber was ist, wenn der Gerechtigkeit das Recht im Wege steht?

18. Vorwort – Kolumne im März 2005

Die Zeitungen waren voll davon. Es ging um die Frage, kann man, soll man, darf man ein Gesicht transplantieren? Fest steht jedenfalls, dass aus der Sicht der Chirurgen hochkomplizierte Eingriffe, wie Herz- Lungen- oder Lebertransplantationen, die bis vor kurzem der Spitzenmedizin zugeordnet wurden, heutzutage Routineoperationen geworden sind.

Da sich die wissenschaftliche, medizinische Forschung bekanntlich unaufhaltsam weiterentwickelt, wird es logischerweise eines Tages soweit sein, dass auch Gesichtsverpflanzungen zum chirurgischen Alltag gehören werden. Egal, ob es sich dabei nur um Teile oder ganze Visagen handelt. Das mag bei Gesichtern, die durch Unfall oder Krankheit derart entstellt worden sind, dass die betroffene Person nur noch dahinvegetiert, durchaus segensreich sein. Trotzdem kann man sich fragen, ob sich gerade das Gesicht, als der Teil welcher mit der äusseren – und damit sicher auch inneren – Identität eines Menschen untrennbar verbunden ist, einfach so auswechseln lässt. Aber eigentlich ist es müssig darüber zu sinnieren, denn die Lust und der Drang von Ärzten, nach spektakulären Erfolgen in der Medizin, speziell in der Chirurgie, unterliegt andern Gesetzmässigkeiten als Moral und Ethik. Oder doch nicht?

Persönlich

Das war eine beruhigende Meldung in den Medien. Bald kann man sich ein neues Gesicht transplantieren zu lassen. Wenns schon mit allen andern Organen – oder sagen wir, fast allen – klappt, dann ist es logisch, dass dies auch beim Gesicht möglich sein müsste. Nur frage ich mich: Wenn jemand ein anderes Gesicht bekommt, ist sie dann immer noch diejenige Person, die sie vor der Transplantion war? Könnte ich mir jemanden, der mir sehr nahe steht, mit einem andern Gesicht vorstellen? Das Gesicht hätte die Stimme, z.B. meiner Mutter, dächte wie meine Mutter, sähe aber völlig fremd aus. Ich denke, dass dies für meine Mutter ein kleineres Problem wäre als für mich.

Was anderes wäre es, wenn meine Mutter ein Schädel-Hirntrauma hätte und im Koma läge. Dann müsste es ja nach dem heutigen Stand der medizinischen Dinge auch möglich sein, ihr Gesicht auf einen intakten Kopf zu verpflanzen. Ihrem Aussehen nach wäre sie also immer noch meine Mutter, könnte wieder sprechen, sehen, hören, denken. Allerdings mit einem andern Hirn. Sie hätte ein Gedächtnis, dass nicht ihre Erinnerungen birgt. Hätte Gedanken, die nie in ihrem Kopf gedacht worden sind. Würde vielleicht sogar in einer andern Sprache sprechen. Dafür wäre sie nicht mehr im Koma, wäre ansprechbar. Und ich würde sie als meine Mutter erkennen. Aber würde sie mich erkennen? Ich höre schon den Chirurgen sagen: «Es hat eben alles seinen Preis.» Da hat er ja nicht unrecht. Immerhin, ausser einer feinen Narbe rund um den Hals würde nichts darauf hindeuten, dass meiner Mutter – genauer, auf den Körper meiner Mutter – ein neuer Kopf verpflanzt wurde.

Wer erinnert sich da nicht an das kopftransplantierte Monster Frankenstein, aus dem gleichnamigen Film der dreissiger Jahre, mit den markanten Schrauben beidseitig am Hals. Kein Zweifel, der Fortschritt ist unverkennbar.

19. Vorwort – Kolumne im April 2005

Es kann einem nicht nur schwindlig werden, über die Vielfalt des medialen Angebots, sondern auch über die rasante Entwicklung auf dem Gebiet der Bild- und Tonträger. Was ist in den letzten 60 Jahren nicht alles verschwunden: Die Wachsplatte, die Bakelit- und später die Vynilplatte. Das Stahlband für Tonaufnahmen. Ich erinnere mich, wie mein Vater und ich – es muss Ende der vierziger Jahre gewesen sein – mit einem solchen Gerät ein Autorennen nachahmten. Er war der Reporter ich imitierte mit meiner Stimme die dröhnenden Automotoren. Nach dem Stahlband kam das Tonband, zuerst zwei Fingern breit, dann wurde es immer schmäler, bis zur Minikassette mit der entsprechenden Störanfälligkeit. Heute alles museumsreif.

Es folgte die digitale Tonaufzeichnung und der Walkman mit Ohrstöpsel wurde zum ständigen Begleiter. Lange Jahre zuvor hatte das Fernsehen Einzug in die Wohnstuben gehalten und mit ihm eine bis heute nicht abgeschlossene revolutionäre Bildaufzeichnungsentwicklung.

Die Systeme Betamax und VHS machten den analogen Anfang, bis sie von der Digitaltechnik in Form der CD und DVD abgelöst wurden. Aber auch die Tage dieser Systeme sind gezählt. Harddisk und Internet übernehmen das Zepter. Dass die damit verbundene Ton- und Bilderflut unaufhörlich weiterwachsen wird ist auch klar. Und eines Tages, wer weiss, werden wir Menschen vermutlich zu wandelnden Chips auf zwei Beinen mutiert sein.

Persönlich

Dass wir von den Medien inflationär mit allen möglichen Informationen und Angeboten jedwelchen Inhalts überflutet werden, dürfte allgemein bekannt sein. Ich denke, wir alle versuchen, so gut es geht, die Übersicht nicht zu verlieren. Wenn ich dann aber donnerstags die Kinoseiten meiner abonnierten Tageszeitung aufschlage, packt mich die schiere Verzweiflung. Eine Lawine marktschreierischer Ankündigungen alter und neuer Filme stürzt über und in mich hinein. *Erstaufführung! Premiere! Der weltweite Grosserfolg! Jetzt im Kino! Annette Benning ist eine Sensation! Oscar Gewinner! Bester Schauspieler! Hinreissendes Meisterwerk! Eindrücklich-realitätsnah-berührend! Ein kleines Wunder, ein grosses Wunder, das Wunder! Eine Glückspille als Film!»* usw. usf.

Mir platzt der Kopf! Ich gehe nämlich sehr gerne ins Kino, und neugierig wie ich bin, möchte ich keinen dieser Filme verpassen. Aber wie mache ich das? Wenn ich dreimal täglich ins Kino ginge, könnte ich das Pensum vielleicht in einer Woche knapp bewältigen. Aber am darauf folgenden Donnerstag rücken schon wieder neue Filme nach. Ich könnte meine ganze Zeit nur im Kino verbringen und hätte immer noch nicht alle Erstaufführungen gesehen. Von den Wiederaufführungen alter sehenswerter Meisterwerke im Filmpodium ganz zu schweigen. Und so vertröste ich mich auf später, wenn ich Zeit für einen Kinobesuch habe.

Aber irgendwann realisiere ich, dass der eine oder andere Film bereits wieder aus dem Programm verschwunden ist. Pech gehabt. Ich resigniere und hoffe, die verpassten Titel im Fernsehprogramm zu entdecken. Dort aber werden die Filme nicht wöchentlich, sondern täglich in einer Menge dargeboten, dass mir jeweils buchstäblich das Hören und Sehen vergeht. In der Folge bin ich – traurig aber wahr – zum Gewohnheitszapper geworden. Und dass bedeutet, Zerstückelung von Filmgeschichten in 3 Minuten-Häppchen. Derweil sich im Regal eine Menge unbesehener DVDs stapeln. Tröstlich zu wissen, dass die kleinen Scheibchen nicht schimmeln und die allgemeine Lebenserwartung gestiegen ist.

20. Vorwort – Kolumne im Mai 2005

Im Sommer 2004, als feststand, dass Fredi Murer, mit dem mich eine über vierzigjährige Freundschaft verbindet, seinen seit langem geplanten Film «Vitus» im folgenden Frühjahr würde realisieren können, machte ich ihm den Vorschlag, die Dreharbeiten mit Kamera und Ton zu begleiten. Ich war abgesehen von Fredi, auch neugierig auf Bruno Ganz, der den Grossvater spielen sollte und natürlich auf Teo Gheorghiu, in der Rolle von Vitus. Mit seinen 12 Jahren bereits ein Klaviervirtuose.

Zwei Jahre zuvor hatte ich mir eine Sony Handycam 3 Chip-Videokamera erstanden und in Personalunion, Kamera, Ton, Regie, den Dokumentarfilm «Wäg vo de Gass!» realisiert. Damit war ich auf meine alten Tage hin zurückgekehrt, zu den Anfängen meiner beruflichen Laufbahn, die ich einst als Kameramann begonnen hatte. Mit dem Sucher am Auge selber dem Geschehen vor der Kamera zu folgen, war für mich eine lustvolle Herausforderung. So entstand nach 8 Wochen Drehzeit und 30 Stunden belichtetes Material der knapp einstündige Film «Die Vitusmacher», der mit Erfolg am Fernsehen gezeigt wurde und auch im Kino ein interessiertes Publikum fand.

Persönlich

Seit fünf Wochen bewege ich mich wieder mal in der Welt des Kinospielfilms, begleite und beobachte mit der Kamera Fredi Murer und sein Team, bei der Realisierung des Spielfilms «Vitus». Über Murers neuestes Werk wird zu einem späteren Zeitpunkt mehr zu erfahren sein.

In meinen Anfängen als Filmemacher kursierte in der Szene das Frage-Antwortspiel: «Was haben Armee und Film gemeinsam? Man lernt so die Schweiz am besten kennen.» In der Tat, nicht nur in RS und WK, auch beim Drehen verschlägt es einem nämlich immer wieder an Orte, wo man unter normalen Umständen wohl nie hingekommen wäre. Und das kann in nächster Nähe sein. So drehten wir in einem älteren, fünfstöckigen Mehrfamilienhaus nicht weit vom Stadtzentrum, das total renoviert wird. Alle Wohnungen und Ladenlokale waren geräumt. Idealer Ort, um für kurze Zeit eine Filmwohnung einzurichten, inkl. dazugehöriger Infrastruktur, wie Garderobe, Maske, Aufenthaltsräume für die Schauspieler etc. Was mich überraschte und auf Grund der Aussenansicht nicht zu erkennen war: jede der Ein- bis Vier- Zimmerwohnungen, hatte einen komplett andern Grundriss und völlig unterschiedliche, originelle Raumaufteilungen. Da musste ein Architekt mit Fantasie am Werk gewesen sein.

Kurz darauf drehten wir in hochmodernen Betonsilos. Geklonte Reisbrettwohnungen in Beton gegossen, drapiert mit Stahl, Glas und Kunststoff. Wie z.B. am Turbinenplatz oder im Oerlikerpark, den ich bei dieser Gelegenheit erstmals kennenlernte. Ich traute meinen Augen nicht. Wo sich noch vor wenigen Jahren die Maschinen- und Waffenindustriegiganten befanden, steht heute eine Satellitenstadt von ausgesprochen unschweizerischem Ausmass. Allerdings mit sehr schweizerischen Strassennamen. Margrit Rainer oder Ruedi Walter Strasse, Max Bill Platz, Ellen Widmann Strasse. Sagte da nicht einst eine Stadträtin: «Zürich ist gebaut!» Das war wohl ein Versprecher und hätte heissen sollen: «... wird gebaut!»

Urs Heinz Aerni
Die Macht der drei großen Buchstaben

Wenn Sie das hier jetzt lesen, lassen Sie sich möglicherweise von der VBZ oder SBB fortbewegen oder Sie sitzen zu Hause am Küchentisch während im Hintergrund DRS oder SWR das neue Tief vom Westen her verspricht.

Dann blättern Sie weiter und gucken nach, ob ZDF, ARD vielleicht auch ORF Ihnen den abendlichen Spielfilm servieren soll. Merken Sie es, wie wir immer von einer Art typografischen Dominanz dreier Buchstaben beherrscht werden?

Die Russen zitterten in der alten Sowjetzeit vor dem KGB während die Amerikaner heute noch stolz auf ihre CIA sind. Dabei betreibt NBC und CNN viel bessere Aufklärungsarbeit und dies noch mit hübschen Gesichtern und Werbeunterbrüchen. Die Zeiten mit den Straßenschlachten ums AJZ sind auch vorbei, heute bleibt der politische Disput zwischen FDP, SVP, CVP und EVP hängen und die SP kommt gar mit zwei Lettern aus.

Als ein NZZ-Journalist vor kurzem vor Gericht stand, schrieb das Blatt im eigenen Bericht vom ehemaligen Mitarbeiter der *Neuen Zürcher Zeitung*, auf die übliche Abkürzung NZZ wurde verzichtet, da bei diesem unerfreulichen Fall eine Augenfälligkeit so gut wie möglich verhindert werden musste. Achten Sie mal, wie Sie bei der Lektüre ständig auf diese Großbuchstaben fixiert sind und schon von weitem erkennen, welche Institutionen in dieser Kolumne platziert wurden. Jeder Naturfreund wird sofort hier hereinlesen, weil ich WWF schreibe. Versteckte Werbung im Journalismus? Verlockend wäre es schon, angesichts diesen Lohnverhältnissen. Also liebe BMW oder ABB, reichen Sie Ihre Angebote ein. Allerdings,

SJW erwähne ich kostenlos. Schließlich verhalf SJW schon so manchen Menschen den Brückenschlag zum Bücherlesen, und dies schon 75 Jahre lang.

So, und nun muss ich noch ein SMS schreiben.

Opel statt Ospel

Jeden Sonntag treffen wir uns. Um neun Uhr, in sportlicher Montur zum Jogging. Margrit, Lukas und Franco waren beim letzten Mal dabei. Im leichten Trab gings los. Na ja, eigentlich blieb es beim Traben aber dafür legten wir beim Plaudern einen Zahn zu. Neulich entfachte das Thema Berufskarriere flammenden Wortwechsel. Lukas ließ uns in sein Betriebsklima im Gesundheitsbereich blicken, Margrit machte sich Gedanken um die Gesundheit ihrer Hochschul-Kollegen und Franco lobte das Personal-Auswahlverfahren seiner Großbank.
«Jawohl, je höher die Hürden sind, desto besser sind die neuen Manager», meinte er. Margrit widersprach: «All diese Testverfahren sind doch mumpitz. Da können sie die kompliziertesten Rätsel lösen, aber wenn Bodenhaftigkeit oder der menschliche Faktor gefragt ist, versagen die doch reihenweise».
Lukas hechelte hinter uns her und zeigte sich beeindruckt über die Millionen, die Herr Ospel bei der UBS verdient. Er habe die Zahl in der Zeitung gelesen aber wieder vergessen.
«Weißt Du warum?», rief Margrit zurück, «weil der von heute auf morgen gespickt werden kann».
«Aber ausgesorgt hat er trotzdem», rief Lukas nach vorne.
Wo er Recht hat, hat er Recht. Franco bemerkte, ob das wohl Karriere sei, wenn man am Sonntag Abend den Koller vor dem Montagmorgen kaum aushalte. Deshalb höre er auf, die Karriereleiter wie ein Pirat zu erklettern. Als joggendes Schlusslicht übersah ich fast eine fette Kröte.
Vor uns kam ein Opel gefahren. Geistesgegenwärtig retteten wir sportlich das Tierchen vor den erdrückenden Reifen.

Nach dieser guten Tat meinte Lukas: «Da reden wir über den Ospel und retten einen Frosch vor dem Opel.»

Wir lachten und hüpften den heißen Duschen entgegen.

Sonntägliche Sonnensuche im Winter

Begonnen hat es mit dem Wunsch, von Einsiedeln um den Sihlsee zu spazieren. Doch es kam anders. Nach dem Hechten aus dem Tram in den bereit stehenden Zug, musste bei voller Fahrt festgestellt werden, dass es sich um den falschen Zug handelt. Gut, dann geht der Ausflug eben nach Luzern. Pilatus ist auch schön und so hoch. Ein Schaffner zeigte uns den Zug nach Alpnachstad, denn von dort fährt die Zahnradbahn hoch auf den Bergspitz.

Die Talstation in Alpnachstad sah verlassener aus, als jeder Saloon in einer Geisterstadt. Auf der Timtable stand: Nächste Fahrt ab 13.10 Uhr. Doch kleinlaut hieß es unten: «Ab November über den Winter geschlossen». Der nächste Zug zurück fährt um 13.45 Uhr. In einem bodenständigen Restaurant, konnte ein Salat und ein Risotto in Rekordzeit vertilgt werden. Von einer netten alten Dame angebotenen Weihnachtsguetzli musste aus Zeitnot abgelehnt werden, dankend und grüßend. Wieder zurück in Luzern, umsteigen in den Voralpenexpress gen St.Gallen, hoffend auf etwas Sonne auf der nächsten Höhe. Wieder ein Schaffner beteuerte, dass mittlerweile überall die Wolken den Himmel versperren, nicht nur der Hochnebel. Ok, dann eben Umsteigen in Arth-Goldau in den Zug zurück nach Zürich.

Erschöpft zu Hause wurde beschlossen, den nächsten Ausflug per Motorrad durch Kambodscha zu nehmen. Man gönnt sich ja sonst nichts für seine Nerven.

Ein Ruck durchs Quartier

Kurz vor drei Uhr in der Nacht bebten die Wände. Ich stand auf und blickte in die Dunkelheit. Wenige Lichter gingen an. Radio DRS brachte in den ersten Nachrichten News aus Pakistan und Irak doch nichts über das Beben. Die Familie meiner Frau auf Sizilien kennt das zu genüge. Manchmal flüchten sie sich mehrmals im Jahr, alle in Pyjamas, mitten in der Nacht in ihre Autos und warten das Zittern ab. Dann geht es mit lauten Diskussionen und erleichtertem Auflachen zurück in die Schlafzimmern.

Mittlerweile lag ich auch wieder in den Federn und dachte nach; wie das so wäre, wenn sich mal unter uns die Erdplatten tüchtig ins Zeug legten. Wie das wäre, wenn wir uns in Schlafanzügen auf der Straße mit den Nachbarn träfen, und über die Macht der Natur und unsere Winzigkeit redeten. Wir würden zusammen stehen und erschrocken den Hauswänden hochsehen. Es würde nach Wohlbefinden und Schäden gefragt. Man böte Hilfe an, man verteilte Tee oder Decken. Kinder müssten beruhigt werden, das «Du» würde angeboten, schließlich käme man sich unter besonderen Umständen näher. Wir würden feststellen, dass die Nachbarn ganz nette, ja freundliche, eigentlich liebenswerte Menschen sind. Wir merkten, wie wenig wir von ihnen wissen, außer dass sie den neuesten Audi fahren und im zweitobersten Stock Designerlampen hängen haben. Und jetzt stünden wir als Genossen und Zeugen eines Großereignisses nebeneinander und es störte überhaupt nicht, dass die Haare zerzaust, das Kinn unrasiert und die Pantoffeln nicht gerade trendig sind. Ja, so ein Erdbeben kann ein tüchtiger Ruck fürs Nachbarschaftsklima sein, aber vielleicht ginge es auch ohne Naturkatastrophen - oder?

SBB ist nicht SRG aber trotzdem

Es ruckelt, die Passagiere atmen erleichtert auf und applaudieren mit gegenseitigem Zulächeln. Nein, ich beschreibe hier nicht die Landung einer Chartermaschine voller Touristen auf Mallorca. Gemeint ist ein Schnellzug nach Olten, der nach einer halben Stunde losfährt. In dieser Zeit las ich in der Zeitung über Bandenkriege in Rio, das atomare Säbelrasseln in Nordkorea und dass ein kauziges Tierchen in Neuseeland ausstirbt. Aber warum sich der Zug eine Ewigkeit nicht bewegt, als wäre es ein Mikadostäbchen, das sich nicht rühren darf, wird nicht gesagt. Erst bei der Einfahrt in den Bahnhof Aarau hörten wir die mechanische Ankündigung: «Nächster Halt: Aarau».

Personalchefs verbringen ganze Weekends in Seminarien um besser mit dem Personal kommunizieren zu können und Verkaufsberater versuchen durch Fortbildungskurse den Draht zur Kundschaft zu finden. Aber das Großunternehmen SBB tut sich mehr als schwer, hunderte von Kunden verbal zu betreuen. Kennen Sie das? Sie sitzen und warten. Tun so, als würden Sie sich die Zeit locker vertun mit Lesen. Dann kummulieren sich die ersten Gedanken über das Warum und Wieso. Sie denken mit der Zeit an Personenunfall, an einen Supergau und landen am Schluss beim Jüngsten Tag als möglicher Grund für die Panne. Aber vielleicht liegt es ja nur daran, dass der Lockführer verschlafen hat oder dass irgendwo eine Weiche klemmt.

Täte es nicht gut, wenn es über Lautsprecher hieße: «Leider wissen wir auch nicht mehr als Sie aber wir melden uns wieder»? Ich weiß, die SBB ist nicht die SRG aber eine Informationsbetreuung professioneller Art würde ich ungemein schätzen. Aber eigentlich gleichen sich die beiden Unternehmen an, zumal was die Pannenhäufigkeit angeht.

Prolog

An der journalistischen Ausbildung streckte mir die Dozentin eine Schwarzweiß-Fotografie entgegen: «Schreiben Sie dazu einen Dialog». Das Bild zeigt zwei Männer in weißen Hemden und Krawatten, die sich in einer Art Großraumbüro unterhielten, irgendwie dezent und in einer eher versteckten Ecke.

Dialog

«Weißt Du eigentlich, was Du gestern an der Sitzung angestellt hast?»
«Jetzt bin ich aber gespannt.»
«Mach das nie wieder! »
«Bitte sprich nicht in Rätsel.»
«Du weißt ganz genau, was ich meine.»
«Aber John, Du enttäuschst mich. Nicht wegen meinem Kommentar zu Deinem Projekt. Ich bitte Dich.»
«Ich bitte Dich aber nicht, ich warne Dich! Wenn Du noch einmal vor der ganzen Belegschaft ... »
«Oh, mein Lieber. Fürchtest Du um Deinen Ruf? Ich kann Dich trösten, der ist ohnehin futsch. Weißt Du, was Dir fehlt?»
«Steve, wenn wir jetzt nicht hier im Steuerzentrum säßen ... »
«Sitzen wir aber John. Wir sitzen mittendrin. Wenn es Dich reizt, nur zu.»
«Ich kann ja aufstehen und laut schreien. Zum Beispiel über die Sache in der Buchhaltung von letzter Woche.»
«Woher hast Du das? Du mieses ... »
«Bitte keine Tiernamen John. Die armen Viecher haben ja sowieso nichts damit zu tun. Dass Du mit Deinem Ego Pro-

bleme hast, wusste ich, aber dass Du auch noch korrupt bist, das hat mich schon etwas überrascht.»

«Steve, bitte! Nicht so laut! Du verstehst es falsch.»

«Was denn? Das von gestern oder der Deal mit der Buchhaltung?»

«Vergiss mal gestern. Ich wollte Dich schon länger mal fragen ... »

«Komm mir nicht mit dieser Tour. Einlullen kannst Du mich nicht. Ich frage mich, was ich mit Dir mache ... »

«Was? Was soll das heißen?»

«Nun ja, da wäre mal die Möglichkeit mit Jeff zu reden, oder ...»

«Oder? Komm zur Sache Steve!»

«Oder ich überlege mir, das Ganze zu vergessen - mit Deiner Unterstützung natürlich.»

«Mit meiner Unterstützung?»

«Ja.»

«Wieviel John?»

«Mann, Du gehst aber ran.»

«Wieviel?»

«Och. Lassen wir es Einpendeln. So zwischen 50 und 60'000.»

«Was?»

«Und ein gutes Wort beim Boss.»

«Du Schw ... »

«John, bitte keine Tiernamen.»

Wunschkolumne

So! Für heute läuft das hier mal anders. In der Regel sucht der Kolumnist jeden Tag nach Motiven für seine Texte. Mit Notizblock oder Laptop sitzt er in Gartenrestaurants, in Badeanstalten oder fährt mit dem Tram von Endstation zur nächsten, harrend bis ihn die Muse küsst, oder er reist mit gespitzten Augen und offenen Ohren in der S-Bahn um von den Fahrgästen Sehnsüchte und Wünsche von den Stirnfalten abzulesen, um neuen Stoff für die linke Zeitungsspalte verwerten zu können. Diese Regel wird somit hier und heute gebrochen. Wir leben ja in einer Multioptionsgesellschaft. Konsumenten des dritten Jahrtausends wollen selber bestimmen wo's langgehen soll. Sie bestimmen den Klingelton ihres Handy und ob das Mineralwasser viel, wenig oder gar kein Sprudel haben soll. Auf Radio DRS3 können Songs abgewählt, bei Thomas Gottschalk die besten Wetten bestimmt und auf teuren Hotline-Nummern Sprachen zwischen Albanisch und Zulu ausgewählt werden. Wir wollen diesem Trend nicht nachstehen. Deshalb meine Damen und Herren, haben Sie nun hier und jetzt die einzige Möglichkeit, das Thema meiner nächsten Kolumne zu wählen. Ja, reiben Sie sich die Augen, Sie lesen richtig. Heute können Sie mitentscheiden ... allerdings eine klitzekleine Einschränkung ist vonnöten, sonst läuft das Ganze ja ins Uferlose. Sie finden drei Fragen zur Auswahl.

Hier sind die Themen:

1. Warum sollte die Schweiz überdacht werden?
2. Zürich, der größte Kurort der Schweiz?
3. Warum ist Reden Silber und Schreiben Gold?

Alles klar? Die Damen in der Zentrale sind bereit, Ihre Email mit der Wunsch-Zahl entgegen zu nehmen.

Prolog

Die Leserschaft der Zeitung, in der die Kolumne erschien, hat sich sehr schnell entschieden. Es war die Nummer zwei. Vielleicht weil damals der Flughafen wegen dem Fluglärm sehr unter Druck stand und weil durch Einsprachen das geplante neue Fußballstadion Hardturm nicht mehr fristgerecht zur Europameisterschaft 2008 gebaut werden konnte.

Großkurort am Zürichsee

Rosige Zeiten kommen auf uns zu. Zürich mausert sich zum größten Kurort der Schweiz. So wie die Zeichen stehen wird die in sanften Hügeln eingebettete City mit Seeanstoß die Nummer Eins für Ruhesucher und Erholungsbedürftige. Das Limmatquai wird zur autofreien Flanierzone, die Hooligans werden sich ab 2008 in Basel oder Bern Bierflaschen entgegenwerfen, die Jumbos drehen Richtung Genf oder Stuttgart ab, das Zürifäscht kommt auch ohne donnernde Flugschau aus, das neue Tram gleitet lautlos ins Depot und Dübendorf erhält eine riesige Liegewiese. Ruhige Zeiten sind in Aussicht. Bald rast der Blechverkehr durchs Säuliamt und zwischen Lochergut und Mannesseplatz hüpfen Kinder Gummitwist oder zieren den Asphalt mit Kreidezeichnungen. Dann kommen die Tage, meine Damen und Herren, an denen Rothirsche auf dem Platzspitz weiden und aus jedem Stadtbrunnen die Frösche quaken. Die Reisebüros in Arosa oder Grindelwald bieten den Einheimischen Wander- und Wellnessferien in Zürich an. Die neue Stadtregierung wird dann die Baugruben in Baggerseen verwandeln lassen, statt dass Maschinen in die Tiefe bohren, wachsen Seerosen nach oben. Die Störche entdecken die stillgelegten Kehrichtverbrennungskamine, der

Lindenplatz verwandelt sich in eine Magerwiese und auf dem Helvetiaplatz steht ein Birkenwäldchen. Na, wie liest sich das? Gut, einiges gilt es noch anzupacken: Die Rosengartenstraße müssen wir noch überdachen, das Sechseläuten vererben wir den Baslern und die Streetparade verlegen wir an den Türlersee. Aber dann wird unsere Stadt zu einer Oase der Ruhe und bedenken Sie, so abwägig ist die Vision nicht, denn jetzt schon hat Zürich einen guten Ruf im stillen Gewerbe.

Wasserdicht

Schrubben Sie heute Ihr schönes Parkett? Schon praktisch so ein Boden, den man nass aufwischen kann, nicht? Dank einer guten Versiegelung ist das möglich. Da verschwindet kein Wasser zwischen den Ritzen, und die Fläche blinkt und glänzt wieder in der Morgensonne, die durch wehende Gardinen ins Heim strahlt. Wir kennen das ja von der guten alten Fernsehwerbung her: Das Wasser fließt ab und kann wieder in trübe Farbe aufgenommen werden.

In unseren vier Wänden mag dies gut und recht sein. Andernorts aber gereicht dasselbe Prinzip zu einer Katastrophe. Ja, vielleicht wissen Sie jetzt, wovon ich rede. Immer mehr Häuser, Parkplätze, Autobahnen, Golfrasen und Stadtplätze (man denke nur an den neuen baumlosen Paradeplatz) versiegeln die Naturböden. Sträucher und Wiesen verschwinden, das Wasser rauscht nur noch darüber hinweg und weiß nicht, wohin es versickern soll.

Sicher, es ist nicht die ausschließliche Ursache für alle Hochwasser, aber eine nicht unwichtige Rolle spielt es wohl. In Deutschland gibt es schon Städte, die zugeteerte Flächen gleich besteuern wie Gebäude, genau aus dem besagten Grund. Die Zersiedelung der Schweiz macht den eidgenössischen Boden dicht, und wenn so ein englischer Rasen supergrün daherkommt, so heißt das gar nichts, denn unter den kleinen Würzelchen sieht´s nämlich öde aus.

Nun ja, man könnte noch lange darüber schreiben. Aber schreiten wir zur Tat. Wenn Sie also den Nachbarn beobachten, wie er einen Naturgarten zwecks «Bünzli»-Rasen planieren will, so halten Sie ihm diesen Text vor die verdutzten Augen, der hiermit mit dem Aufruf schließt: «Stopp der Versiedelungspolitik, denn der Spruch «Nach uns die Sintflut» ist hinfällig, sie war schon da...*

*Denkt man nur an die Überschwemmungen in Osteuropa und in weiten Teilen der Schweiz zum Beispiel im Jahre 2003.

Für Ideen degradieren?

Vor allem in Städten und Dörfern des Südens sieht man sie, die Stühle vor den Häusern. Am Abend sitzen dann Frauen und Männer auf ihnen und reden, hören und reden wieder. Als hätten sie der Zeit ein Schnippchen geschlagen. Als hätten sie zu ihr gesagt: «Zeit, auch wenn du vergehst, ich bleibe.» Wir Touristen vom fleißigen Norden sehen die Südländer, wie sie zusammensitzen, und wissen gar nicht, was wir davon halten sollen. In Anbetracht des hiesigen Vereinsterbens und der wenig verbliebenen Stammtische verknüpfen wir unser soziales Umfeld immer mehr in eine zweckgebundene Geschäftigkeit. Mit anderen Worten: Wenn schon Zeit zusammen verbracht werden muss, so soll wenigstens etwas dabei herausschauen. Ein Bierchen mit anschließendem Deal, ein Essen mit Projektbesprechung, ein Kaffee mit Terminplanung. Oder da ist die Kollegin, die sich nach einer Ewigkeit wieder meldet, wenn ein Stimmungstief im Anzug ist und der «Kumpel», der beim nächsten Wiedersehen gleich um einen Gefallen für seine Jobsuche bittet.

Bestünde möglicherweise die Gefahr, dass wir unsere Zeitgenossen zu nützlichen Kontaktadressen, Verbindungsleuten oder zu Zapfsäulen für Ideen degradieren? Wird die Tugend – Nützliches mit dem Angenehmen verbinden – zu einem Laster? So quasi, sage mir, was der mir bietet, und ich sage Dir ob ich ihn zur Grillparty einlade. Man kommt ins Grübeln. Lassen wir das, ich muss sowieso noch Klaus anrufen, hab von ihm schon lange nichts mehr gehört. Er arbeitet beim Theater und hat oft ein Gratisticket bereit. Ein Pfundskerl, ob ich seine E-Mail-Adresse noch finde?

Rolf Lyssy
21. Vorwort – Kolumne im Juni 2005

Wenn ich mich recht entsinne, so hat meine Reaktion auf die Kolumne von Urs Heinz dazu beigetragen, dass wir bei einem kurz danach stattgefundenen gemeinsamen Gespräch beschlossen, unsere Kolumnen in Buchform zu veröffentlichen. Aber ich will mich nicht mit fremden Federn schmücken. Die wagemutige Verlegerin Rosmarie Bernasconi aus Bern hatte die Idee, die Kolumnen in Buchform zu veröffentlichen. Damit wurden die besten Voraussetzungen geschaffen, um auch Nicht- Tagblattlesern im deutschsprachigen Raum, von der Ostsee bis zu den Walliseralpen, unsere Kolumnen beliebt zu machen.

Persönlich

Lieber Urs Heinz, da wir uns leider nur selten sehen (der Preis für die lockere Freundschaft), antworte ich Dir an dieser Stelle, auf Deine Kolumne vom 09.06. «Für Ideen degradieren?»

Du fragst, ob wir wohl Gefahr laufen, unser Bedürfnis, mit anderen Menschen in Kontakt zu kommen, zunehmend nur noch dazu benutzen, dass wir, ich zitiere: «... unsere Zeitgenossen zu nützlichen Kontaktadressen, Verbindungsleuten oder zu Zapfsäulen für Ideen degradieren?» Ist ganz schön hart, aber hast Du etwas anderes erwartet? Du weißt doch, dass der Mensch von Natur darauf bedacht ist, sich zuerst um seine eigenen Interessen zu kümmern. Ich meine zu Recht. Denn wenn er sich nur noch um andere kümmert (denk an Pfarrer Sieber) dann kippt er bald mal aus der Balance. Und wenn nicht er selber, dann sicher sein unmittelbares Umfeld, dazu kann auch das Bankkonto gehören!

Will sagen, die von Dir gepriesene südliche Idylle, mit Männlein und Weiblein in trautem Beisammensein und die Zeit vergehen lassen, einfach so, scheint mir ein romantischer Trugschluss zu sein. Ausgerechnet im Süden! Was meinst Du, was in deren Köpfe vorgeht? Genau dasselbe, wie in unseren Hirnen, jeder auf seinen Vorteil bedacht. Mit dem delikaten Zusatz, dass dort auch noch die Mafia oder Camorra und was der schwarzen Bruderschaften mehr sind, ihre Interessen ziemlich rabiat durchsetzen.

Bevor Du vollumfänglich in die Grübelgrube fällst und Dein Theaterfreund Eugen das Gratisticket an jemand anderen vergeben hat, ruf mich doch an, damit wir wiedermal zusammensitzen. Ich verspreche Dir, dass ich die Buchpreisbindung mit keinem Wort erwähne, auch die Kultur beiseite lasse, den Kaffee selber bezahle und mich nur erkundige, wie es Deiner charmanten, ausgesprochen hübschen Frau geht.

22. Vorwort – Kolumne im Juli 2005

Es war wirklich an der Zeit Peter Hürzelers Comics in der wöchentlichen Tages-Anzeiger Beilage «Züri-Tipp» zu würdigen. Sei es auf der Bühne, im Film, in der Literatur oder eben mit dem Zeichenstift, Menschen zum Lachen zu bringen ist immer noch eine der schwierigsten kreativen Prozesse. Über einen Witz lachen können ist das eine, und es funktioniert nur, wenn man ihn auch verstanden hat. Etwas anderes ist es einen Witz zu erfinden, und wie bei Comics, ihn in Bild und Wort so darzustellen, dass man spontan, reflexartig lacht. Hürzeler gelingt das Woche für Woche in höchster Qualität. Seine Sketchs in Inhalt und Form sind nie anbiedernd, billig, obszön, beleidigend, dümmlich. Ganz im Gegenteil, sie zeichnen sich aus (im doppelten Wortsinn) durch feine, hintersinnige Ironie und überraschende Pointen. So wird «Emil» die Witzfigur zum Spiegelbild nicht nur für unsere menschliche Schwächen, sondern auch für die fantasievolle Erfindungsgabe des kleinen Mannes.

Bei Lao-tse ist nachzulesen: «Wenn du einen Gedanken hergestellt hast, dann lache darüber.» Ich könnte mir vorstellen, dass dieser Spruch die Basis von Hürzelers unerschöpflicher Kreativität ausmacht.

Persönlich

Sommerkolumnen sollten leicht bekömmlich, heiter und unbeschwert sein. So stelle ich mir das jedenfalls vor. Seit langem habe ich die Absicht, an dieser Stelle, auf ein wöchentliches Comic-Highlight hinzuweisen, das mir jeweils übers Wochende nachhaltiges Schmunzeln und beste Stimmung beschert. Und das notabene übers ganze Jahr. Jetzt ist der Zeitpunkt gekommen, für eine längst fällige Lobpreisung.

ht um Peter Hürzeler, den Meister des feinen Strichs der unnachahmlichen Pointe. Es sind die Sketchs mit der Drei-Haare-Figur Emil, immer aufgereiht in drei Bildern, donnerstags, auf der letzten Seite im Züri-Tipp. Einfach wunderbar, um nicht zu sagen, genial, was Hürzeler an kombiniertem Sprach- und Bildwitz produziert.

Die Züri-Tipp LeserInnen erinnern sich bestimmt an Emil, mit Freundin am Arm. Er trifft am See einen Bekannten, der fragt ihn: Gehst du nicht mehr mit Erika? Emil: Nein, Erika war mir zu teuer! Darf ich vorstellen, Generika!

Oder: Emils Frau/Freundin, wer immer, wünscht ihm einen guten Appetit. Der schaut erstaunt auf den Tellerinhalt, wo nur ein kleines Spitzchen zu sehen ist und fragt, was ist das. Ihr strahlendes Gesicht, gross: Ein Eisbergsalat. Im dritten Bild sagt sie: Man sieht eben nur die Spitze des Eisbergs! Und Emil schaut belämmert auf den Teller. Oder dann die Pointe, mit der übereinandergestellten Sitzgruppe, Emil und sein Freund oben, die Damen unten, weil der Wohnraum eng, aber dafür hoch ist. Und schliesslich: Der Kellner bringt Emil einen Zweier Leitungswasser, für 2 Franken. Emil gibt das Glas zurück, tut mir leid, dieses Wasser hat Zapfen. So geht das Woche für Woche und ich staune jedesmal von neuem, über Hürzelers wunderbare Einfälle.

Weiter so Peter! Deine Comics sind eine Wohltat für Geist, Herz und Seele. Die Leser werde es Dir immerfort danken. Ich freue mich jedenfalls schon auf den nächsten Donnerstag.

23. Vorwort – Kolumne im August 2005

Man könnte sich hintersinnen. Da gibt es auf der einen Seite den allgemeinen gesellschaftlichen Fortschritt, basierend auf mehr Wissen über die verschiedensten Aspekte unseres Daseins. Wir bezeichnen uns als aufgeklärt. Die wissenschaftliche Forschung vermittelt uns laufend neue Erkenntnisse, lässt uns teilhaben an den immer mehr aufgeschlüsselten Geheimnissen des Lebens. Wir haben mittlerweile verstanden, was gut und schlecht für die Entwicklung des Menschen, überhaupt für die Natur im allgemeinen ist.

Aber dann liest man von Untersuchungen, die aufzeigen, wie weit Theorie und Praxis auseinander driften. Mir scheint, dass der Mensch in seinen eigenen Widersprüchen einerseits hoffnungslos verkettet ist und anderseits laufend neue produziert. Ich denke die Krux ist die, dass das menschliche Gehirn, welches unser Denken überhaupt erst ermöglicht, so komplex und kompliziert ist, dass wir die Möglichkeiten dieses Organs wohl nie ganz erfassen werden. Die Grenzen der Hirnkapazität entziehen sich unserer eigenen Denkkapazität. Darin liegt wohl der Kern aller Widersprüche, denn das ist gleichzeitig so gut wie schlecht. Gut, weil wir uns dank diesem Umstand vielleicht nicht selbst zerstören werden. Schlecht, weil wir uns wegen diesem Umstand vielleicht selbst zerstören werden.

Persönlich

Lang lang ists her. Genau vor 40 Jahren drehte ich einen Film zum Thema Zahnprophylaxe. In Walenstadt hatte ein Zahnarzt und vierfacher Familienvater, die zu jener Zeit nachgerade revolutionäre Idee, in der Schule das tägliche Zähneputzen einzuführen, um der sich immer mehr ausbreitenden Karies bei Kindern Einhalt zu gebieten. Ich filmte den langen

Waschtrog mit den vielen Zahnbürsten und Pasten im Schulhauskorridor, ein ungewohntes Bild. Und ich richtete die Kamera in die Münder der vier Zahnarztkinder, sah makellose, perlweisse Zähne, allesamt kariesfrei. Eine Augenwonne! Das war damals, in der Vorsteinzeit der Zahnpflege, keineswegs selbstverständlich. Schon als Jugendlicher wusste man, nach den zweiten Zähnen würden die dritten folgen, denn wer von der damaligen Elterngeneration trug kein künstliches Gebiss. Nicht zu reden von den Grosseltern. Selber gut durchplombiert, war mir bei dieser Filmarbeit erstmals bewusst geworden, Karies muss nicht sein. Von da ab widmete ich der Zahnpflege grösste Aufmerksamkeit. Heute, als stolzer Besitzer meiner eigenen Zähne, darf ich sagen, es hat sich gelohnt.

Seit längerem weiss man, die Karies bei Kindern und Jugendlichen ist wieder rasant im Vormarsch. Es wird zu süss und notabene auch zu fett gegessen, und ich könnte mir durchaus vorstellen, dass man es mit der Zahnpflege auch nicht mehr so genau nimmt. Das ist alarmierend.

Aber zunehmende Zahnfäulnis ist nur das eine Übel, das andere ist nicht minder dramatisch. 20% der Kinder in unserem Land sind zu dick und bewegen sich zunehmend weniger. Was wird dagegen unternommen? Turnstunden in der Schule werden eingespart! Spätestens jetzt wird einem klar, was für Widersprüche von behördlicher Seite fabriziert werden.

Liebe Eltern, LehrerInnen und AufklärerInnen, tut etwas für das gesundheitliche Wohl der nachfolgenden Generation. Sie wird es euch danken. Spätestens dann, wenn sie ihre Zahnarzt- und allgemeinen Krankenkosten selber berappen muss.

24. Vorwort – Kolumne im September 2005

Wir Schweizer sind ja nicht gerade bekannt dafür, dass wir patriotisches Gedankengut – abgesehen von einigen Verblendeten aus der rechten politischen Ecke – in aller Öffentlichkeit zelebrieren. Da mag das Weisse Kreuz auf roten Textilien leuchten wie es will, es ändert nichts an der Tatsache, dass in unserem Land Neid und Missgunst weitverbreitete Übel sind. Dazu gesellt sich die besonders bei gewissen Politikern zum Ausdruck gebrachte Angst vor Veränderungen und der beschwörenden Warnung vor einem zukünftigen Untergang der schweizerischen Eidgenossenschaft. Wer in der helvetischen Gesellschaft durch aussergewöhnliche Leistungen egal in welcher Sparte hervorsticht, muss damit rechnen überkritisch und mit Misstrauen beäugt zu werden. Das Mediokre gerade im künstlerischen Bereich wird hierzulande öfters zum verbindlichen Messwert.
Umso erfreulicher, wenn immer wieder mal einige Unverwüstliche, und von Zeit zu Zeit sogar eine Volksmehrheit, über die Stränge schlagen. So geschehen im Spätsomer des letzten Jahres. Da häuften sich in Politik und Sport überraschend und ungewohnt landesweit die Erfolgsmeldungen und gleichzeitig erwachte auch der Schweizerfilm aus seinem Dornröschenschlaf. Dieser positive, landesweite Schub schien mir doch so bemerkenswert, dass ich ihn zum Inhalt einer Kolumne machte.

Persönlich

Freude herrscht! Der legendäre Spruch von Alt-Bundesrat Ogi kommt wieder einmal voll zum tragen. Die eidgenössische Abstimmung über die Personenfreizügigkeit wurde mit 56 % Ja-Stimmen gewonnen. Den notorischen Angstmachern und Rad-der-Zeit-Zurückdrehern vom Dienst, den Maurers, Schlüers, Fehrs (der von der Auns), Föhns, Stamms und Hess', hat eine solide Volksmehrheit ein weiteres Mal die rote Karte gezeigt. Und irgendwann in ferner Zukunft, wenn diese, notabene unsere Generation, das Zeitliche gesegnet haben wird, werden wir im Jenseits den Beitritt der Schweiz zur EU feiern können. Die politische Landschaft bewegt sich, und das ist gut so.

Zur gleichen Zeit zeigten Schweizer Spitzensportler der Konkurrenz, wo der Bartli den Moscht holt: Das Tennisteam um «Roger National» in Genf und Tom, der Töffvirtuose, in Malaysia. Und weil beim anhaltenden wirtschaftlichen Formtief unseres Landes Erfolge in andern gesellschaftlichen Sparten dringend notwendig sind, ist auch vom Schweizerfilm Hocherfreuliches zu berichten. Schlag auf Schlag, in einer Menge wie nie zuvor, feiern Filme aus eidgenössischen Werkstätten in dieser Saison in den Kinos höchst erfolgreich Premiere. Eine neue Generation ist daran wesentlich beteiligt und das lässt die Hoffnung zu, dass wir Filmer in absehbarer Zeit auch im Ausland wieder wahrgenommen werden.

Während Sie, liebe LeserInnen, sich diese Kolumne zu Gemüte führen, spule ich zu Fuss in holder weiblicher Begleitung unzählige Kilometer in Manhattan und Brooklyn ab. Sollten Sie sich je in diesem Stadtteil, wo auch mein Sohn lebt, aufhalten, empfehle ich Ihnen dringlich einen Besuch im Prospect Park, der ans Brooklyn Museum grenzt. Von den Parkarchitekten Frederic Olmsted und Calvert Vaux sagt man, dass sie im vorletzten Jahrhundert beim Bau des Central Parks übten und kurz darauf beim Prospect Park reüssierten. In der Tat, es ist jedesmal ein Genuss durch diesen Park zu wandern. Und das erst noch mitten im Indiansummer. Freude herrscht!

25. Vorwort – Kolumne im November 2005

Wie schon einige Male in den letzten Jahren, mauserte sich auch im Herbst 05 ein helvetischer Dokumentarfilm mit dem exotischen Titel: «Auf der Suche nach dem koscheren Mann» zum Langrenner im Kino. Mit bescheidensten Mitteln realisiert, dafür mit würzig, witzigem Inhalt, war ich so eingenommen vom Resultat, dass ich den Film den Leserinnen und Lesern meiner Kolumne nicht vorenthalten wollte. Ein Jahr zuvor hatte ich ja mit meiner ansteckenden Begeisterung dem Film von Peter Luisi «Verflixt verliebt» einen beachtlichen Publikumsschub verpasst.

Wie heisst es doch so sinnig: «Geteilte Freud ist doppelte Freud.» Das lässt sich ebenso auf die Musik übertragen. Wer mit Freude musiziert, der reisst auch seine ZuhörerInnen mit. Das erlebe ich auf schöne Art und Weise, in der Bar des Hotels «Eden-au-Lac» in Zürich, wo ich jeweils mit meinem Quartett von Herbst bis Frühling gastiere.

Persönlich

Eigentlich wollte ich auch was zur Vogelgrippehysterie schreiben, aber dann las ich im Tagi die Kolumnen von Lorenz Keiser und Patrick Frey und danach fiel mir nichts mehr ein. Ich bin auch ganz froh, so kann ich mich ausführlich mit zwei erfreulicheren Themen befassen: Film und Musik.

Wieder einmal habe ich das Vergnügen, über einen Dokfilm aus der Zürcher Filmküche von einer mir bisher unbekannten jungen Filmerin zu berichten. Sie heisst Gabrielle Antosiewicz und ihr Film trägt den Titel *Matchmaker – Auf der Suche nach dem koscheren Mann*. Das ist vielleicht ein Ding. Ich habe Tränen gelacht. Was da an trockenem Witz, an augenzwinkender Ironie, an würzigem Humor über die Leinwand flimmert, hat höchsten Unterhaltungswert. Kommt dazu, dass die schräge Geschichte so ganz nebenbei nebenher auch noch beste Aufklärung vermittelt über all das, was man von unseren jüdischen MitbürgerInnen und ihrer Lebensart immer schon wissen wollte und sich nicht getraute zu fragen. Egal zu welcher religiöser oder nichtreligiöser Couleur man sich zählt, ich kann nur sagen, anschauen gehen.

Bleibt noch das Thema Musik, und das beinhaltet eine frohe Botschaft: Die lang ersehnten Pianojazz-Abende in der Bar des Hotels Eden-au-Lac haben letzte Woche wieder begonnen. Jeden Donnerstag (19.30 - 23.30 Uhr), und zwar bis Ende Mai, spielen abwechslungsweise zwei Formationen. Wer es instrumental liebt, ist beim Willy Bischof Trio mit Beat Ramseyer und Bill von Arx bestens aufgehoben. Wer die charmante Vocalistin Rebecca Spiteri mit ihrer swingend einfühlsamen Stimme, begleitet von Jürg Ramspeck, Peter Livers und myself, das nächste Mal hören will, ist am 10. November herzlich willkommen. Merke: Vom Easy Listening Jazzvirus angesteckt zu werden, ist allemal besser, als von einem wie auch immer garteten Grippevirus.

Urs Heinz Aerni
Inselleben

Lieben Sie Inseln? Die Möwen kreischen um die Yachtmasten und unter der Abendsonne kuttert ein Fischer in den Hafen. Stolz steht der Leuchtturm und bewacht das Städtchen in dem Abends unzählige Restaurants mit kulinarischen Köstlichkeiten Touristen zu verführen suchen. In einem Weinlokal serviert die Hausherrin Tropfen der edelsten Sorte und ihr pensionierter Bankfachmann von Ehemann räumt die Gläser weg oder entkorkt die Flaschen, mit einem Lächeln dahin und dorthin.

In einem winzigen Speiselokal steht ein Türke am Tisch und nimmt die Bestellung entgegen um dann in der Küche selbst Hand an die Pfannen zu legen. Auf die Frage, ob er denn alles selber mache, antwortet er: «Ja, macht Spaß.» Seine Menüs sind Poesie auf dem Teller. Oder da ist das schummrig aber moderne Restaurant, wo der Koch gestattet, Musik-CD's aufzulegen und dermaßen gut Spaghetti macht, dass nochmals eine halbe Portion nachbestellt wird statt ein Dessert. Da wäre noch das Kino, in dem die Frau an der Kasse angerannt kommt, weil der Arbeitsplan vergessen ging. Allerdings vergeht eine weitere halbe Stunde, bis der Techniker es fertig bringt, die richtig Rolle einzulegen. Wartend vor der dunklen Leinwand meint ein Sitznachbar: «Das ist ein bildloser Stummfilm.» Ein Erlebnis ist, wenn sich rund zehn Schiffe in Festbeleuchtung in einer Bucht sammeln um einem riesigen Feuerwerk die Ehre zu geben. Dann zerstreuen sich wieder unter mächtigem Hupkonzert in alle Richtungen. Dieses und einiges mehr erlebt man auf dieser Insel, die nicht Ibiza oder Malta heißt, sondern Lindau.

Weites Herz für weißen Vogel

«Die Zürcher sind erstaunlich reservierte Menschen, ja eigentlich kühl» sagte mir ein Südländer, oben in der Urania-Bar. Wir blickten über die schneeweißen Dächer. Recht wollte ich ihm geben, natürlich; im Süden kann man noch Gefühle zeigen und die Spontaneität kultivieren. Ich holte Luft, hielt aber abrupt inne ...

... denn vor knapp einer Stunde marschierte ich über die Rudolf-Brun-Brücke. Ich bot dem Wind eisern den Schirm. Dann standen ein paar Leute im Kreis auf der Straße. In der Mitte saß ein schöner weißer Schwan. Er machte es sich im Schneegestöber schlicht gemütlich, weder die großen LKWs noch das Gehupe der PKWs beindruckten ihn. Die Passanten schirmten mit Leib Leben das Tier gegen jegliches Blech ab. Mittels Handy riefen sie die Polizei. Die Seepolizei käme, hieß es. Doch ein Streifenwagen hielt bereits an. Drei Polizisten stiegen aus. Handschuhbewehrt gingen sie sachte auf das Tier zu, das sein Gefieder ordnete. Der eine Beamte hielt den Nacken fest und den Schnabel zu, die anderen beiden hoben den Körper an. Dann brachten sie den Vogel behutsam zum Fluss hinunter. Losgelassen, ließ sich der schöne weiße Schwan ins Wasser gleiten und richtete seine Federn neu. Die Passanten standen da und waren wieder zufrieden, mit dem Leben, mit der Welt und der Stadt.

... Das erzählte ich meinem südländischen Tischgenossen, mit der Absicht, das gute und weiche Herz meiner Mitzürcher zu beweisen. Dass in einem anderen Land vielleicht das Tier schon lange unter die Räder oder auf den Grill gekommen wäre, wagte ich nicht zu sagen. Aber mein Südländer sprach ja vom Verhalten zwischen Menschen ... da verfiel ich gleich wieder ins Grübeln.

Notiz
Anlässlich der Tsunami-Katastrophe im Dezember 2004 in Asien (erschienen im «*Tagblatt der Stadt Zürich*» vom 31. Dezember 2004)

Weltbilder auf den Kopf stellen

Heute wollte ich über meine ersten Erfahrungen mit dem neuen Fahrplanwechsel der SBB schreiben. Aber angesichts der Katastrophe in Asien verkümmern meine Anliegen zum Nichts.

Die Bilder aus dieser schwer getroffenen Weltgegend machen sprachlos. Jeglicher Bürgerkrieg und politischer Machtkampf wird durch ein Naturereignis zur Lappalie. Uralte Vorwürfe stehen im Mittelpunkt: Wo war Gott? Was will das Schicksal? Warum gerade jetzt und warum gerade die Ärmsten der Armen?

Ein Bekannter meinte zu mir: «Die Natur hat wieder mal aufgeräumt.» Ein anderer erklärt, dass solch eine Katastrophe ein normales Regulierungssystem sei, und im Zugabteil übergab mir ein Unbekannter ein Blättchen, welches das endgültige Ende ankündigt.

Erstaunlich, wie doch überall klare Antworten aufgetischt werden. Man weiß also Bescheid. Da zwingt ein Seebeben ganze Zivilisationen in die Knie, aber der Winzling namens Homo sapiens steht trotzdem im Schlamm und kann alles erklären. Der Mensch fliegt um die Erde, kann Atome spalten, Landschaften verminen und mit Kreditkarten das Konto überziehen. Da verschieben sich zwei Erdplatten, und weg sind tausende Mädchen, Burschen, Frauen und Männern.

Nach dem Schock kommt die Ehrfurcht, und es wäre an der

Zeit, dass auch eine Gesundschrumpfung unseres Egos einträte. Steigen wir vom Sockel, und legen wir den «Löffel der Weisheit» in den Geschirrspüler.

Ich möchte wieder staunen und fragen dürfen. Meine bisherigen Pauschalerklärungen und Weltbilder stelle ich hiermit auf den Kopf und versuche, eine neue Spur aufzunehmen. Ich gebe zu, dass ich nichts weiß, aber ich packe die Chance, wieder lernen zu wollen. Es gibt viel zu tun, machen Sie mit?

Terror per Inserat

Was meinen Sie? Soll über Terrorismus noch mehr öffentlich gesprochen werden? Da sitzen Sie nun, in der Straßenbahn, im Bus oder beim Kaffee und wissen nicht was antworten.

«Keine Zukunft dem Terrorismus» lautet der Ausruf eines Inserates, das man in Zeitungen da und dort wiederholt entdeckt. Vor kurzem wurde in einer weiteren Ausgabe der Anzeige die Gründe für diese Kampagne erklärt: «Irgendjemand muss es tun» war zu lesen und man «dürfe nicht nur beobachten und schweigen», es sei ein «schmutziger Krieg» und was hätte alles passieren können, wenn die hiesigen Sicherheitskräfte nicht Schlimmeres verhütet hätten. Deshalb sei es wichtig, über Terrorismus «öffentlich zu reden».

Ok, reden wir darüber. Wo beginnt der Terror und wo ist sein Ende? Sind es die Schiesserein im Sonntagabendprogramm auf SF oder ZDF? Die Trockenpumpe am Sonntag in der Baustelle nebenan? Jugendliche Räuber die jugendliche Passanten überfallen, mitternächtliche Raser, rülpsender Nachbar im Zugsabteil, herumliegende Bierbüchsen am Grillplatz im Wald? Warum in die nahöstliche Ferne schweifen wenn doch der Kleinkrieg der Nerven vor dem nahen Bareggtunnel tobt. Sehe ich das zu eng? Reagiere ich schon zu empfindlich, wenn der Werbeblock den Film unterbricht und auf der teuren Hotline-Nummer nur Musik dudelt? Muss ich um meine Nerven bangen? Was raten Sie mir? Ist das auch Terror?

Natürlich wollte ich wissen, wer hinter der oben genannten Anzeige steht und besuchte die angegebene Website. Glauben Sie, ich hätte wenigstens einen persönlichen Namen gefunden? Alles anonym, und ich Idiot mache mir die geforderten Gedanken, öffentlich mit Name und Bild. Rege ich mich da wieder unnötig auf?

Freier Preis für das Kulturgut Buch?

Ohne mit der Wimper zu zucken, legt der Kinobesucher achtzehn Franken für zwei Stunden Unterhaltung auf den Tresen. Da wird nicht lange gefackelt. Kein Feilschen um Vergünstigungen und Rabatte. Die Kioskdame nennt einen Betrag und der Kunde reicht ihr die Banknote rüber. Ohne Murren akzeptiert er die fünfzehn Franken für das Hochglanzheft, sechs Franken für die Wochenzeitung und von der Opferbereitschaft für die Zigaretten wollen wir gar nicht reden. Aber wenn es um eine poetische Verführung auf 300 Seiten oder um eine historische Abhandlung zwischen zwei Buchdeckeln geht, dann heißt es: «Warum ist das so teuer?» oder «Ich kann mir das nicht leisten.»

Anderorts wird hingeblättert, hier wird vor geöffnetem Geldbeutel geschluchzt. Denn ein Ausweg gibt es nicht, bis jetzt kostet ein neues Buch überall gleich viel. Politische Kreise möchten die sogenannte Buchpreisbindung abschaffen und fordern freien Preiskampf. Holen Sie doch schnell einen Farbstift und malen Sie sich aus, was dann geschähe. Die Massenware an Bestsellern würde günstiger und die leisen, die wissenschaftlichen und die fachspezifischen Titel würden unbezahlbar werden. Es sei denn, Behörden subventionierten oder die Sponsoren finanzierten die Buchprojekte. Durch die einheitliche Preisgestaltung kann der Verleger mit relativ stabilen Koordinaten seine Projekte kalkulieren und somit kann er sich auch auf schöne und risikoreiche Produktionen einlassen. Wenn er das nicht mehr kann, dann ist fertig lustig. Der feste Buchpreis garantiert die Volksversorgung mit Schriftgut mannigfaltiger Art. Das Kultur- und Bildungsgut Buch steht auf dem Spiel. Oder fragen Sie im Kino und am Kiosk auch nach Rabatten?

Öde Schweizer Literatur?

In einer Frankfurter Zeitung schrieb eine Literaturkritikerin, dass die aktuelle Schweizer Literatur keinen Beitrag zur Bewusstseinsbildung des Landes leiste, und dass sie international nicht mehr mithalten könne. Das ist – verzeihen Sie den unliterarischen Ausdruck – quatsch. Namen wie Lewinsky, Schwitter, Florescu, Beeler, Zschokke, Capus, Reich, Faes, Hartmann, Bernet, Maibach, Monnerat, Simon, Bortlik, Augstburger, Mannhart, Mettler, Sulzer, Aebli und viele mehr, die ich hier nicht auch noch aufzählen kann (man möge es mir verzeihen), bereichern das aktuelle literarische Schaffen in der Schweiz dergestalt, dass einem die Lese- und Diskussionslust nie und nimmer vergehen könnte. Herauspicken möchte ich die aus Frauenfeld stammende Tania Kummer. Ihr erster Erzählband führt den Lesenden in filligrane Welten feinster und sensibler Wahrnehmungen unseres Daseins und unserer Umwelt. Ihre Wortkompositionen lassen eine faszinierende Lesequalität zu; als würde man über einen Textteppich dahingleiten um sich unversehens in Lebensperspektiven wieder zu finden, die zu befremden scheinen, aber dann doch ein Wiedererkennen des eigenen Innenlebens bewirken. Die Protagonisten experimentieren mit dem Fortgehen, dem Wiederkommen und dem Bleiben, verschwinden kurzerhand in ein anderes Leben oder platzen einfach vor Glück. So heisst auch das Buch: *Platzen vor Glück* (Zytglogge Verlag).

Schauen Sie sich in gut sortierten Buchhandlungen um, und Sie werden feststellen wie reichhaltig und umtriebig das hiesige Schaffen von schreibenden Zeitgenossen ist. Ansonsten melden Sie sich bei mir ... Und ein Nachwort an die erwähnte Kritikerin: Lesen Sie die Bücher genauer oder lassen Sie sich von einem guten Buchhändler beraten.

Deutsch ist nicht Deutsch

Geschrieben und gelesen wird auch in der Schweiz in der sogenannten hochdeutschen Sprache, aber wenn es um´s Reden in Schulen, in den Medien und auf der Bühne geht, dann erhitzen sich die Gemüter, die einen für, die anderen gegen die Hochsprache.

«Wir müssen gogen lugen, sonst scheissen uns die Indianer aben ...», sagte damals mein kleiner Bruder und schlich weiter durch die Prärie unseres Nachbargartens im aargauischen Hinterland. Auf dem Pausenplatz imitierten wir Otto mit perfektem Bühnendeutsch und alle Filmszenen mit Bud Spencer und Terence Hill spielten wir sequenzweise natürlich in Fernsehdeutsch nach. Deutsch war die Sprache der Medien. Auch der damalige Radio-Kultsender SWF3 ließ uns die Gags von Starmoderatoren nachahmen. Eine Befürchtung, uns könnte der Dialekt deswegen abhanden kommen, war mitnichten vorhanden. Das war in den 70er Jahren.

Ratlose Genferin und Holländer

Geschehen vor kurzem an einer literarischen Veranstaltung in Zürich: Auf der Bühne saßen drei Schweizer Autoren und ein sehr bekannter Moderator. Sie debattierten über das Schreiben und das Leben damit. Eine Dame im Publikum fiel duch heftiges Kopfschütteln und empörtes Flüstern auf. Sie versuchte sich zu melden, doch der Moderator reagierte nicht. Sie erhob sich und ging ziemlich demonstrierend aus dem Saal.

Wie es sich später herausstellte, handelte es sich um eine Frau aus Genf, die erstens nur die deutsche Hochsprache verstand und Eintrittsgeld in der Annahme bezahlte, dass ein öffentlicher Kulturanlass in Hochdeutsch gehalten werde.

Zwei Niederländer, die in Bivio Skitouren planten, konnten

mit dem Wetterbericht auf SF nichts anfangen; Da sie weder Bern- noch Walliserdeutsch verstanden mussten sie den Receptionisten am Empfang bemühen um die entsprechenden Informationen zu erhalten.

Verbale Ladehemmung

Verfolgt man die aktuelle Diskussion über unseren Umgang mit der Hochsprache Deutsch, so wähnt man sich zum Teil in einem Umfeld, das langsam nicht unähnliche Züge einer geistigen Landesverteidigung annimmt. Davon abgesehen, dass nun eben das nördliche Nachbarland unser größter Geschäftspartner und Kulturlieferant ist und der alpine Nachbar im Osten ebenso wichtig ist, zumal wir mit ihm 2008 sportliche Großveranstaltungen organisieren, gibt es noch genug Gründe, die Schriftsprache als die Geschäfts- und Landessprache zu akzeptieren ohne dass wir unsere Eigenarten gefährdet sehen.

Vor Jahren wurde die sprachliche Fertigkeiten der schweizer Rekruten getestet, mit verheerendem Ergebnis. Nur eine Minderheit konnte ein Zeitungsartikel einigermaßen sinngemäß zusammenfassen. Das Sprachbewusstsein wurde dann auch im Kontext mit der Lebenszufriedenheit und Karrieremöglichkeit untersucht, mit dem Resultat, dass cs klare Zusammenhänge gibt. Problemdefinierung, Zieldeklarierung und Standortbestimmung sind nun einmal nur über Sprache möglich. Fehlt dazu die nötige Fertigkeit, wird es für den Betroffenen schwierig. Ob es nun Schweizer sind, die in wortkargen Verhältnissen aufwachsen oder Migranten, die sich hier zurechtfinden wollen; die Dialektdominanz in Schulen und Medien wie Radio und Fernsehen machen ihnen das Leben nicht einfach.

Wortgewandtheit ist gefragt bei Bewerbungsschreiben, Vorstellungsgesprächen oder Krisensitzungen. Diese muss gebildet und gefeilt werden, ob gesprochen oder geschrieben. Obschon die Fremdsprachigkeit der Schweizer gelobt wird, fühlen sich viele Zeitgenossen in der offiziellen Sprache nur bedingt zu Hause und zeigen Hemmungen in der Anwendung derselben. Beispiel gefällig?

Peinlichkeit im Zug und auf der Buchmesse

Im Schnellzug zwischen Zürich und Olten erklärte der Kondukteur Fahrradtouristen aus Deutschland, dass die Velos aus Platzgründen in den Güterwaggon gehörten. Die Sportsfreunde fragten zurück mit «bitte?». Als hätte der Schaffner einen Datenstau in der Sprachschnittstelle; dergestalt peinlich waren seine Erklärungen, die immer wieder vom Schrift- ins Schweizerdeutsche kippten.

Oder die folgende Beobachtung an der Leipziger Buchmesse: An einem Messestand für Schweizer Verlage wurde die junge Assistentin von Besuchern aus Österreich mit Fragen zum hiesigen Bücherschaffen angesprochen. Die Schweizerin zeigte sich dermaßen um Worte ringend, so dass sie das Gespräch mit einem Stapel Prospekte und mit dem Wunsch um einen schönen Tag abkürzte.

Die sprachliche Kompetenz ist nicht allein durch die Beherrschung von Fremdsprachen festzumachen, sondern durch eine eloquente Handhabung des Werkzeuges, mit dem wir uns erklären, mit dem wir fragen, erfahren, uns austauschen und bilden. Wird dies durch einen Mix aus Bruchstücken aus anderen Sprachelementen – ob Mundart oder Fremdsprachen - fragmentiert, besteht die Gefahr einer Verunsicherung sozialer Sicherheit, verunmöglicht gar die eigene Positionierung

in der Gesellschaft. Ohne die heimische Dialektvielfalt zu schwächen bringt die konzentrierte Kultivierung des Hochdeutschen nur Vorteile für die Rede- und Lesekompetenz. Und Hand aufs Herz, in einem Land, das ohne Bodenschätze aber dafür mit Handel, Kultur und Tourismus existiert, kann eine aktiv angewandte Hochsprache nur nützen.
Das Bühnendeutsch überlassen wir den Schauspielern.

Die Schweiz und ihre wahre Ressourcen

Die Schweiz holt sich, was sie braucht. Das Erdöl wird aus dem Osten und Norden bestellt und durch Pipeline und Rheinschiffe ins Land geschafft, für gutes Geld. Diamanten und Edelsteine finden wir nicht in unseren Bergen dafür in Namibia und Südafrika. Es wird investiert und Traumumsätze in edlen Boutiquen erzielt. Die feine Schweizer Schockolade gibts bekanntlich nur durch importieren Kakao aus Übersee. Das Beste vom Besten kaufen wir uns in der ganzen Welt zusammen. Auch Touristen aus dem fernen Osten werden carweise durch Luzern oder Interlaken geschleust, mit Stopps an Shops. Clever die Schweizer, was?

Da haben wir quasi null Bodenschätze und sind im Club der reichsten Länder. Schlau sind sie, die Eidgenossen, helle auf der Platte, wie man so sagt. Kreativ, fantasievoll und raffinierter Unternehmergeist ermöglichten Geldsegen durch komplexe Anlagegeschäfte, Banksystemen, chemische Zauberstücke und tickende Perfektion an Handgelenken. Alles geboren unter der Schädeldecke. Kurz: gute gebildete, geübte, ja trainierte Gehirne zwischen Rhein und Ticino, zwischen Boden- und Genfersee. Das Wissen ist also das Lebenselexier eines boomenden Globalplayers, entstanden aus einem Bergland in dem einst die Hellebarde und der Melk-Schemel die wichtigsten Werkzeuge waren. Sie werden nun sagen: «Endlich schreibt der Aerni mal was Positives und lässt das Meckern.» Mitnichten, liebe Leserinnen und Leser, denn jetzt hole ich wortmächtig und gewaltig aus, gegen die Sparwut an Schulen, den Sparwahn an der Uni und gegen die Streichung von Lehrpersonal. Aber leider ist mein Kolumnenplatz schon verschrieben ...

Rolf Lyssy
26. Vorwort – Kolumne im Dezember 2005

Bestimmt sind unbeeinflusst von äusseren Faktoren persönliche Neugier, der eigene Wissensdurst, das Bedürfnis nach Unterhaltung und Ablenkung wichtige Gründe, warum man ein Buch liest. Aber nicht nur. Es gibt noch andere Motive. Zum Beispiel, wenn es einem von Jemanden empfohlen worden ist oder wenn man den Autor kennt, mit ihm sogar befreundet ist. Dann allerdings wird die Lektüre nachgerade zur Pflicht. Man greift aber auch zu einem Buch, weil es als Bestseller angepriesen wird und die Medien voll von Lobeshymnen sind. Dann will man nicht hinten anstehen oder gar als Lesemuffel bezeichnet werden. Je nach Dringlichkeit der Empfehlung und erst recht, wenn es sich um eine nahestehende Person handelt, verliert man keine Zeit zur Lektüre. Ich bin da keine Ausnahme. Trotzdem gibt es Momente, da packt mich die schiere Panik, weil ich mit Schrecken feststelle, dass ich einfach zu wenig Musse zum Lesen finde. Darum bin ich jeweils schon sehr froh, wenn eine längere Eisenbahnfahrt oder Flugreise ansteht.

Die in der folgenden Kolumne erwähnten Bücher habe ich allerdings brav zu Hause gelesen und sie waren danach willkommenes Thema für die Weihnachtskolumne.

Persönlich

Das Jahr neigt sich dem Ende zu, wo es doch nach meinem Gefühl eben erst begonnen hat. Aber mit dem Älterwerden verändert sich offenbar auch das Empfinden für Zeitabläufe und deren Tempi. Wie dem auch sei, die altbekannten Festtage stehen an, und damit die unausweichliche, ewig gleich quälende Frage: wem was schenken? Sie sind mit mir einverstanden, gäbe es eine Rangliste sinnvoller Geschenkvorschläge, Bücher wären, wenn nicht an erster, dann bestimmt an zweiter Stelle. Lassen Sie mich drei von der käuflichen Sorte Ihnen nachhaltig ans Herz, bzw. unter den Weihnachtsbaum legen.

Als erstes das Buch mit dem verheissungsvollen Titel: *Warum Beethoven mit Gulasch um sich warf* (Verlag Rüffer&Rub). Eine ergötzlich heitere Lektüre für LeserInnen von acht bis achtzig. Der Autor Steven Isserlis, nicht nur ein begnadeter Cellist, sondern auch ein höchst musikalischer Schreiber, erweckt sechs seiner Lieblingskomponisten, darunter das kommende Jubiläumsgenie Wolfgang Amadeo M., allesamt unaufhörlich verwickelt in Ränkespiele um Kunst und Gunst, auf unwiderstehliche Art zum Leben.

Das tut auch Bruno Spoerri, als Herausgeber, zusammen mit einer stattlichen Zahl von Autorenkollegen, in seinem Buch *Jazz in der Schweiz, Geschichte und Geschichten* (Verlag Chronos). Umfangreich, wie sich das gehört, dabei kurzweilig informativ und gründlich recherchiert, ist dieser Band genüsslich zu lesen und zu betrachten, denn die vielen Fotos beweisen, wie illuster die helvetische Jazzszene sich seit über hundert Jahren entwickelt hat.

Und schliesslich ein Buch das einen in Kopf und Bauch buchstäblich gesund schüttelt. *Esst endlich normal!* (Verlag Piper) von Udo Pollmer. Ein Autor, den man sich zusammen mit dem Untertitel merken sollte: *Wie die Schlankheitsdiktatur die Dünnen dick und die Dicken krank macht*. Wäre ich Gesundheitsminister, jeder Einwohner bekäme das Buch geschenkt. Von mir aus zu Weihnachten, zum Jahreswechsel, zu Ostern oder Pfingsten.

Von wegen Kostenexplosion im Gesundheitswesen!

27. Vorwort – Kolumne im Januar 2006

Seit über seit vierzig Jahren, von wenigen Unterbrüchen abgesehen, nehme ich jeweils an den alljährlichen Solothurner Filmtagen teil. Das war manchmal mit mehr Frust als Lust verbunden. Nicht unbedingt, weil die filmischen Erzeugnisse aus der helvetischen Filmwerkstatt vielfach an Qualität zu wünschen übrig liessen, das zwar auch, aber die Art und Weise, wie meine ersten Filme aufgenommen wurden, zeigte, wie sehr sich Kolleginnen und Kollegen aus der damaligen Zunft der Jungfilmer, wie man uns eher despektierlich nannte, aber auch gestandene und halbgestandene Filmjournalisten, und wer sich sonst noch in der Filmszene mehr oder weniger orientierungslos herumtrieb, schwer taten, Kunst und Kommerz im Filmgeschäft in Einklang zu bringen. Hollywood war ein Schimpfwort. Amerikanischen Filme wurden mit Verachtung gestraft. Mit dem überwältigenden Erfolg meines Films «Die Schweizermacher», galt ich als Kommerzfilmer, mit andern Worten, meine Kinofilme erreichten in den Augen der frühen Solothurnmacher ein (zu) grosses Publikum. Die Filmtage waren in den Anfängen geprägt von einerseits durchaus wünschbar gesellschaftskritischen, dann aber auch ideologisch eingefärbten Agitpropfilmen, die in ihrer Machart und Botschaft nicht immer über allen Zweifel erhaben waren.

Seit einigen Jahren platzen die Filmtage aus allen Nähten. Die Menge der Produktionen nimmt stetig zu, die Qualität lässt nach wie vor vielfach zu wünschen übrig. Immer mehr FilmerInnen wollen ihre Träume vom grossen Kinofilm verwirklichen und sich auf dem freien Markt behaupten. Ein schwieriges Unterfangen. Kommt dazu, dass landesweit die Filmhochschulen jährlich mehrere Dutzend Nachwuchsfilmer in ihre «Filmfreiheit» entlassen. Den wenigsten gelingt es Fuss zu fassen. Für ein kleines Land wie die Schweiz, das erst noch in drei Sprachregionen aufgeteilt ist und wo die Auswertungsmöglichkeiten entsprechend eingeschränkt sind, zweifellos eine problematische Entwicklung.

Persönlich

Der Januar ist ein Mordsmonat. Er steht am Anfang des neuen Jahres, verleitet zu vorschnellen Zukunftsprognosen, beinhaltet die verlockenden Ausverkäufe, die Hoffnung auf ein Jahr voller Glück und Segen und, wenn Sie diese Zeilen lesen, die 41. Solothurner Filmtage. Zwar weisen auch in unserer Stadt Plakate auf diesen Anlass hin, aber man muss schon sehr genau hinschauen, um zu begreifen, was die zwei menschlichen Beinpaare zu bedeuten haben. Vielleicht handelt es sich um die unteren Extremitäten einer Filmerin und eines Filmers. Oder sind es Zuschauerbeine? Zum Beispiel Passanten, die aufs Tram warten, das sie ins Kino bringen soll, wo dann ein Schweizerfilm läuft? Rätsel über Rätsel. Und die beiden Wörter «*auch wenns*», die auf dem Plakat zu lesen sind, helfen kaum weiter. Aber fantasieren ist ja erlaubt. Also: «*auch wenns* regnet oder schneit, dieser Film ist abverheit!» Oder: «*auch wenns* wenig Leute im Kino hatte, der Film war trotzdem nicht langweilig!» Oder: «*auch wenns* zu keinem Happy End kam, mussten wir viel lachen!» Usw. usf.

Zusammengefasst: die Werkschau des schweizerischen Filmschaffens Jahrgang 05 feiert Erntezeit. Eine schier unübersehbare Springflut belichteten Materials flimmert sieben Tage und Nächte über acht Leinwände und lockt das filminteressierte Volk aus nah und fern zum Hinschauen. Unzählige Erstaufführungen, darunter mehrheitlich Filme, die es knapp zu ei-

ner Zweitaufführung bringen werden, erzeugen Freude, Frust und Heiterkeit, freiwillige und unfreiwillige! Hoffnungen werden erzeugt und begraben. Und über allem thront in der Wochenmitte die Verleihung des Schweizerfilmpreises an den besten Spiel- Dok- und Kurzfilm. Ich hoffe, diesmal weniger peinlich-zickig moderiert, als im letzten Jahr. Ich werde nicht dabei sein können, denn gleichzeitig präsentiere ich meinen Film «Die Vitusmacher» im Landhaus zu Solothurn. Wenn Sie es bis dorthin nicht schaffen, am 5. Februar wird er in der Sendung «Sternstunde Kunst», auf
SF1, mittags um 12 Uhr ausgestrahlt.* Viel Vergnügen.

*Erhältlich als Doppel–DVD «Vitus» und «Die Vitusmacher».

28. Vorwort – Kolumne im Februar 2006

Drei Monate nachdem die folgende Kolumne erschienen war, hatte das Volk über den Bildungsartikel abzustimmen. Es ging um die Harmonisierung der zum Teil eklatanten Unterschiede im Bildungssektor zwischen den Kantonen. Die Vorlage war unbestritten, bis auf eben jene Ewiggestrigen, die in gesellschaftlichen Belangen, unermüdlich und immer wieder von neuem, das Rad der Zeit zurückdrehen möchten. Aber eine überwältigende Mehrheit in allen Kantonen entschied sich souverän für den Fortschritt. Und das war höchst erfreulich.
Und so kann man hoffen, dass auch die Initiative im Kanton Zürich, die nur einen Fremdsprache im Unterricht zulassen will, im Herbst 06 bachab geschickt wird. Vielleicht wird dann meine Kolumne auch etwas dazu beigetragen haben.

Persönlich

Es wird wieder einmal heftig um die Frage gestritten, in welchem Alter Kinder eingeschult werden sollen. Fortschrittliche Kreise plädieren u.a. dafür, Kindern ab drei Jahren zu ermöglichen, in spielerischer Form zwei und mehr Sprachen zu lernen. Dagegen sträuben sich die Verfasser einer Initiative, die nur eine Fremdsprache in der Schule zulassen wollen. Es sind Eltern, Politiker, aber auch Lehrerpersonen darunter. Manchmal frage ich mich, wieviele Pisastudien, wissenschaftliche Erkenntnisse und praktische Beweise es eigentlich noch braucht, bis auch der letzte Hinterwälder endlich begriffen hat, dass Kleinkinder neugierige, lernfähige, lernwillige Wesen mit einem unglaublichen Potential an Aufnahmefähigkeit sind. Ausgestattet mit einem Organ, genannt Hirn, saugen sie wie ein Schwamm spielend alles auf, was ihnen zugetragen wird. Nie mehr im Leben lernt ein Mensch leichter Sprachen als zwischen zwei und sieben Jahren. Mehrere Sprachen zu beherrschen, ist ein unschätzbares geistiges Kapital.

Die Demokratie hat zweifellos viele Vorteile, aber bezüglich frühkindlicher Betreuung und Bildung habe ich den Eindruck, als ob man vor lauter vorgeschobener Angst und Sorge um das Wohl der Kinder Verantwortung nicht wahrnimmt, sondern in der Anonymität demokratischer Abstimmungsentscheide versickern lässt. Einmalige Chancen werden so zum Nachteil der Kleinsten vertan.

Zum Glück springen einmal mehr KindergärtnerInnen und Eltern in die Bresche und organisieren sich selber. Natürlich, wie man sich denken kann, auf eigene Kosten! Schade ist dabei nur, dass es nicht allen Kindern zugute kommt.

Vor 35 Jahren gründete eine Elterngruppe auf privater Basis die Tagesschule Trichtenhausen. Heute sind Tagesschulen integraler Bestandteil des öffentlichen Schulsystems. Sehr wohl möglich, dass in weiteren 35 Jahren zweisprachige Vorkindergärten zum normalen Schulalltag gehören werden.

Nur Geduld liebe Kinderlein, auch Erwachsene sind manchmal etwas schwer von Begriff.

29. Vorwort – Kolumne im März 2006

Was schon seit längerem zum Thema Abzockermentalität in den obersten Etagen erfolgreicher Unternehmen, aus den Medien zu erfahren ist, kann einem buchstäblich die Haare zu Berge stehen lassen. Die Ignoranz, die Skrupel- und Respektlosigkeit der Millionenbezüger, die mit erschreckender Selbstverständlichkeit diese absurd überrissenen Geld- und Aktienbezüge verteidigen, ist unentschuldbar. Aber da nun mal der Mammon Geld die Welt regiert, das gewinnorientierte Denken mittlerweile zum Berufsethos kapitalgieriger CEOs gehört und in deren Köpfen zur obersten Maxime geworden ist, wird sich an diesem beschämenden Tatbestand wohl noch einige Zeit nichts ändern. Umso mehr kann man die kritischen Stimmen von Persönlichkeiten aus dem eigenen Lager, die dieses Verhalten in keiner Weise tolerieren, nicht hoch genug einschätzen.

Persönlich

Wenn ich jeweils so vor mich hinbrüte und über den Inhalt meiner nächsten Kolumne intensiv und leidenschaftlich grüble, überfliege ich manchmal auch den Wirtschaftsteil des Tagi. Dort war vor kurzem ein Interview mit Daniel Borel, dem Mitbegründer von Logitech, eines der helvetischen Flagschiffe der Elektronikbranche, zu lesen. Er gab einige bemerkenswerte Sätze zu Protokoll, die mein Herz trotz anhaltender Märzkälte umgehend erwärmten: «Die Schweizer haben keine Leidenschaft», hiess es da provozierend oder «Die Leute müssen von ihrem hohen Ross heruntersteigen und zurück zur Realität finden. Niemand ist unverwundbar, das wissen wir spätestens seit dem Untergang der Swissair» oder «Wer zu lange erfolgreich ist, wird blind für Fehler» und «Goldene

Fallschirme oder total überhöhte Löhne würde ich niemals dulden». Schliesslich noch der Schlusssatz der sich wie ein Appell anhörte: «Wir brauchen leidenschaftliche Menschen. Nicht jeder muss leidenschaftlich sein, aber jeder braucht einen Freund, der es ist.» Gut gebrüllt Maus (er hat die Computermäuse erfunden)!

Und da wir Menschen dem Imitationszwang unterworfen sind, kann auch Leidenschaft als positives Stimulans durchaus anstreckend wirken. Ich stelle mir vor, Borels leidenschaftliches Engagement würde sich auf sämtliche erfolgreichen Unternehmer in unserem Land übertragen. Goldene Zeiten kämen auf uns zu. Laut Borel lässt Logitech seine Angestellten am Erfolg des Unternehmens teilhaben. Mit dem Resultat, dass die Firma schon über 150 seiner Mitarbeitenden zu Millionären machte. Wäre ich nochmals am Beginn einer beruflichen Laufbahn, würde ich mich sofort dort bewerben.

So kann man nur hoffen, dass sich die Grübels, Ospels, Vasellas und wie die millionenschweren Wirtschaftsführer alle heissen, den Logitechboss zum Vorbild nehmen. Allerdings befürchte ich, dass diese Herren ihre Leidenschaft eher dafür einsetzen, sich in erster Linie selbst zu bereichern.

30. Vorwort – Kolumne im April 2006

Die Meldung in der Zeitung, über eine Klausurtagung des Schweizer Fernsehens war nicht zu übersehen. Stolze Ankündigung eines Projektes, das sich mit künftigen Programmstrategien befassen sollte. Bei genauerem Hinsehen lag darin allerdings ein bereits totgeschossener Hase begraben. Der Hase, genannt Kultur, schien bezüglich der eingeladenen Teilnehmer eine quantité négligable zu sein. Das wird die Programmverantwortlichen allerdings wenig kümmern. Ist doch ihr oberster und alles seeligmachende Messwert, die täglichen Einschaltquoten.

Einst fanden Fernsehsendungen mit kulturellem Anspruch zwar nicht gerade im Vorabend- oder Hauptprogramm, aber doch lang vor Mitternacht statt. Dem ist seit langem nicht mehr so. Wer sich zur werktätigen, geistig regen Bevölkerung mit gewissen Qualitätsansprüchen zählt, und nicht einem chronischen Schlafdefizit anheim fallen will, dem bleibt nichts anderes übrig, als bei «3 Sat» oder «Arte» anzudocken.

Persönlich

Endlich! Das Schweizer Fernsehen SF geht in Klausur. Anfang Juli. Im noblen «Panorama-Ressort» auf dem Feusisberg. Von der Chefin höchstpersönlich geladen sind 40 (in Worten vierzig) Spitzenkräfte aus Politik, Wirtschaft, Behörden und Sport. Über Auftrag und Strategie des Fernsehens soll nachgedacht werden. Drei Tage lang. Und damit das Chaos nicht ausbricht, sind Workshop-Experten verpflichtet. Pelli (FDP), Maurer (SVP), der Turnierdirektor der Euro 08 und weitere Koryphäen aus der Medienlandschaft haben bereits zugesagt. Liest sich nicht schlecht. Nur – die Frage sei gestattet – sind diese Bemühungen um eine Verbesserung der TV-Programmstrukturen wirklich über allen Verdacht erhaben? Ich habe so meine Zweifel. Es fehlen nämlich die Vertreter des Kulturschaffens. Oder habe ich im bunten Reigen von Politik, Wirtschaft etc. das Wort «Kultur» überlesen? Keineswegs! Es fehlt ganz einfach. Seltsam.

Ich hätte da ganz unverbindlich ein paar Vorschläge, für Vertreter eben dieser Spezies «Kultur», die man auch hätte einladen können. Wild durcheinander gewürfelt, ohne Anspruch auf Vollständigkeit: Gardi Hutter, Lukas Bärfuss, Roman Signer, Adolf Muschg, Martin Heller, Armin Brunner, Delia Mayer, Urs Widmer, Marcel Meili, Dieter Bachmann, Plinio und Stefan Bachmann, Pipilotti Rist, Alexander J. Seiler, Patrick Frey, Jürg Ramspeck, Klaus Merz, Debbie Mötteli, Fredi Murer, Hans Saner, Michèle Roten, Bruno Spörri, Jürg Acklin, Sina, Peter Bieri, Joachim Rittmeyer, die «Tagblatt»-Kolumnisten, Mario Beretta, Heinz Spoerli, Polo Hofer, und nicht zu vergessen, der von Frau Deltenre mit dem Prädikat «Trapezkünstler» versehene, frühere Radiodirektor Andreas Blum.

Aber vielleicht sind die Organisatoren vom Leutschenbach der Meinung, es reicht, wenn sich Nationalrätin Meier-Schatz oder der Blatter Sepp noch zur Kultur äussern. Die sind nämlich auch zur Tagung eingeladen.

32. Vorwort – Kolumne im Juli 2006

Traumtänzer kennt man aus allen Berufssparten. Sie haben die Gabe, nicht nur ihre Projekte, sondern auch sich selber wirkungsvoll in Szene zu setzen. Ob sie dann das anvisierte Ziel auch erreichen, steht meistens auf einem andern Blatt. Immerhin, Erich von Dänikens «ausserirdischer» Freizeitpark in Interlaken wurde gebaut. Hat aber mittlerweile das «Zeitliche gesegnet».

Vielleicht wäre ich erst gar nicht auf die Idee gekommen, die Geschichte des ambitiösen Projektes «Otto e mezzo» von Johannes Bösiger, zum Thema einer Kolumne zu machen und sie der Vergessenheit anheim fallen lassen, würde ich nicht alle zwei Monate, zwecks Applizierung eines Haarschnitts, meinen Coiffeur aufsuchen. Da führt mich der Weg jeweils an dieser halbverfallenen Häuserzeile vorbei. Und weil ich vom einstigen Kino Razzia sehr angetan war und mir diese Zeit bis heute in guter Erinnerung geblieben ist, macht man sich dann eben so seine Gedanken.

Mittlerweile hat besagtes «Objekt der Begierde» im Zürcher Seefeld den Besitzer gewechselt und in absehbarer Zeit wird dort nach erfolgter Renovierung – odcr was immer mit den Häusern geschehen wird – wieder Leben einkehren. Ob zum Wohl des Quartiers wird sich weisen.

Persönlich

Wo steckt eigentlich unser aller Johannes? Nicht Johannes Paul, von dem wissen wir, wo er sich befindet. Nein, ich denke an Johannes B., der grosse Initiator und Verkünder von «Otto e mezzo», dem vielversprechenden Kino- und Kulturhausprojekt im Seelfeldquartier. Alles war doch geplant und vorbereitet bis ins hinterste Detail. Oder etwa doch nicht? Vor langem

erfuhr man aus den Medien, dass sich eine Gruppe von Architekten und Geldgebern um besagten Johannes B., einstmals Filmproduzent, geschart hatte, damit seine millionenschweren, hochtrabenden Pläne verwirklicht werden konnten. Alles mit wohlwollender Unterstützung des Stadtrates.
Einen multifunktionalen Raum ebenerdig hätte es im Gebäude des früheren Kinos Razzia, mit der denkmalgeschützten Fassade zwischen Mainau- und Feldeggstrasse geben sollen. Einen zweiten im sous-sol, als Kinosaal gedacht. Zusätzlich war anstelle des anschliessenden Eckhauses ein Neubau mit Restaurant und Wohnungen geplant. Anfangs März 05, stellte Johannes B. dem Verein «Zürich für den Film» den ehemaligen Kinosaal für eine Informationsveranstaltung, im Zusammenhang mit der Lancierung einer Zürcher Filmstiftung zur Verfügung. Dort erfuhr man, dass im Sommer mit den Bauarbeiten begonnen werden sollte. Hörte sich damals alles gut an.
Nur, von Baubeginn ist bis heute weit und breit nichts zu sehen, die Fassade mit Plastikplanen verhüllt. Christo hätte seine Freude dran.
Aus gut unterrichteter Quelle, die ich, nebenbei gesagt, auch vor dem Ausschuss gegen unzürcherische Umtriebe nicht verraten würde, erfuhr ich, dass das Projekt von Anfang an chancenlos war. Die Bodenbeschaffenheit viel zu riskant für die baulichen Anforderungen. Hat anscheinend keiner gemerkt oder nicht merken wollen. Jedenfalls Geld ist geflossen. Viel Geld! Ich frage mich nur, wohin?
Johannes, wo immer du sein magst, wie wärs, wenn du die Bevölkerung ebenso lautstark über den Stand der Dinge informieren würdest, wie du es damals tatest, als deine Pläne noch nicht im Grundwasser versickerten.

Urs Heinz Aerni
Buch gegen Hightech

Rund 2'500 SMS-Texte wurden uns, der Leseförderung 4xL gesandt. Und das aufgrund des Aufrufs an die Jugend, über Liebe und Freundschaft originelle Botschaften zu schicken. Mittlerweile kann man die Siegertexte in einem Taschenbuch nachlesen.

Deshalb lud mich eine Gewerbeschule in der Zentralschweiz ein um mit den Schülern übers Schreiben und Lesen im Handy-Zeitalter zu plaudern. Es verschlug mir den Atem als ich das architektonische Meisterwerk eines Schul-Tempels betrat. Ich wähnte mich eher in einem Flughafenterminal als in einem Schulhaus. Im Boden kunstvoll eingelassene Bildschirme gaben den Innenhof wieder, den man auch durchs Glas hätte bestaunen können. Auf allen Stockwerken saßen die Azubis vor Internet-Stationen und klickten was das Zeug hält. Am Lehrerpult befand sich so ein kleines Ding mit Touchscreen-Bildschirm. Fast ohne Fingerkrümmung konnte ich den Raum eindunkeln oder aufhellen und mit einem Sound ab Radio oder CD das Zimmer beschallen lassen. Also Captain Kirk hätte seine helle Freude daran. Kurz und gut, ich forderte die Lehrlinge auf, zu notieren, was es seitens der Schule bräuchte, damit sie ein Buch läsen.

Hier die Antworten:

– «Die Zeitungen sollen mehr über Bücher berichten»
– «Nehmen Sir mir das Handy weg und sperren Sie mich in eine Bibliothek ein»
– «Eine Lesezwangsstunde wäre gut»
– «Keine aufgezwungene Pflichtlektüre»
– «Pro Buch 50 Gratis-SMS»

... und vieles mehr. Ein Schüler schrieb: «Es wäre gut, wenn im Unterricht mehr mit Büchern gearbeitet würde als immer nur mit diesen kopierten Blättern.» Da sitze ich im Hightechschulzimmer und dieser junge Mann verlangt schlicht ein Buch. Ob dieser Wunsch das nächste Budget zulässt?

Die Leiden der Buchhändlerinnen

«Gibt es ein Buch über Akupunktur für die Atemwege von Katzen?» Das, meine Damen und Herren, fragte eine Kundin mich in der Funktion des Buchhändlers.

Vor ein paar Wochen sorgte ein Artikel in einer Tageszeitung über die Beratungsqualität im hiesigen Buchhandel für Aufsehen, vorallem in den betroffenen Kreisen. Jetzt kommt mein grosses «Aber» liebe Lesende. Buchhändlerin (die Frauenquote ist hier erfreulich hoch) ist ein Beruf der besonderen Art. Ohne den Laden verlassen zu müssen, hat man mit allen Fragen dieser Welt zu tun. Es gibt kein Buch, das irgendein Thema nicht behandelt. Es gibt kein Kunde, der nicht in der Lage wäre, das unmöglichste Anliegen anzubringen. Von der Schwemme an Neuerscheinungen wollen wir gar nicht reden. Kurz, die Buchhändlerin sieht sich täglich einer Informations-Flutwelle gegenüber, die es in sich hat. Soweit meine Verteidigungsrede.

Jetzt mal unter uns, liebe Kolleginnen und Kollegen. So gänzlich schadet es nicht, wie die Journalistin da und dort den Finger auf den wunden Punkt setzte. Gerade über unsere Zunft vernahm man in letzter Zeit viel Unerfreuliches: Umsatzeinbrüche, Schliessungen, Konkurrenz durch Warenhäuser und Internet, Preisdiskussionen, Verlagsskandale und Boulevardisierung im Titelangebot. Ja, es besteht Handlungsbedarf damit die Welt des Buches wieder zur schönsten aller Einkaufswelten wird; vom ersten Begrüssungslächeln über das lustvolle Empfehlen bis hin zu einem herzerweichenden «Auf Wiedersehen». Wetten, dass der Kunde morgen wieder im Laden steht und uns sehnsuchtsvoll entgegenwinkt?

... Was ich der Kundin mit der eingangs erwähnten Frage geantwortet habe? Nun: «Für die oberen oder die unteren Atemwege?»

Zuviel Strom?

Zuviel Strom ... würden wir verbrauchen, heißt es aus Bundesbern. Dabei exportieren die halbprivatisierten Elektrizitätswerke nicht wenig Strom und für gutes Geld. Nun erwäge man eine zusätzliche Steuer der privaten Elektroheizungen. Man wolle dadurch den Verbrauch reduzieren, heißt es.
Bitte folgen Sie mir zu zwei öffentlichen Plätzen. Das wäre mal der neue Vorplatz des Bahnhofs Zürich-Altstetten. Früher lag zwischen Bushaltestellen und Bahnhof eine kleine Wiese. Heute steht eine Natursteinmauer, farbig beleuchtet und Wasserdüsen besprühen das Ding, Tag und Nacht. Wahrscheinlich nicht durch Windenergie.
Oder sehen wir uns mal den neuen Bahnhof in Basel an. Die neue Passerelle über den Gleisen ist durch Rolltreppen erreichbar und von da führen ebenso Rolltreppen zu den Bahnsteigen hinab. Vorher ging es unterirdisch zu Fuß in alle Richtungen. Zu den neuen immer laufenden Rolltreppen kamen zudem neue Reklametafeln hinzu, die von innen beleuchtet sind und im programmierten Rhythmus die Werbung wechseln. Geräuschvoll und bestimmt nicht mit Sonnenenergie.
Noch ein Blick in die Schulen. Wirtschaftsschule Bern. In einem High-Tech-Zimmer muss der Wasserhahn zwar gedrückt werden aber das Einstellen der Wasserlieferung erfolgt automatisch. Ist der Becher voll, so plätschert es noch weiter. Ein Seminarraum in Aarau ist dergestalt automatisiert, dass bei jeder Zentimeterbewegung der Sonne oder der Wolken davor sofort die Jalousinen rotieren.
Ungewohnte Besucher erschrecken zuerst ob des Geräusches an der Fensterfront und werden den ganzen Tag während

des Seminars erinnert, dass draußen ein Wetter statt findet. Auf! Lasst uns noch mehr einfallen, wie wir den Strom los werden können um genussvoll auch dafür noch zahlen dürfen.

Prolog

Anlässlich der Fußballweltmeisterschaft in Deutschland 2006, ist es mir folgendes aufgefallen.

Fußballer sind immer auf Sendung

Sie alle gucken hoch um zu sehen ob sie im Bild sind. Ist es Ihnen auch aufgefallen? An dieser WM wurde die Eitelkeit der Fußballspieler frappant deutlich. Wenn Sie sich nach einem Foul hochrappeln, wenn Sie knapp vorbeischossen oder wenn sie vom Platz gehen bei Auswechsel oder aufgrund roter Karte; sie alle schauen hoch, zum großen Bildschirm im Stadion, auf dem das zu sehen ist, was die zuhause gebliebenen Fans im Fernsehen sehen. Ja, die TV-Spielübertragung wird auch vor Ort live rückübertragen oder wie man das auch benennen will. Nun sehen sich die Spieler auf dieser Riesenmattscheibe in Großformat in den genannten Momenten. Und man sieht es ihnen an, wenn sie sich selber sehen. Leichte Verschiebungen in der Gesichtsmimik lassen ein cooles Gefühl herauslesen. Bewusst versuchen sie locker zu bleiben, als hätten sie nicht gesehen, dass sie nun gesehen werden. Bei den Zuschauern ists anders. Die winken und fuchteln gleich los, wenn sie im Bild sind. Eigentlich rätselhaft, was das soll, diese Monsterbildschirme. Vielleicht für die Foul- und Toranalysen oder als Vandalismusabschreckung oder sollen die Tausende im Stadion die Einschaltquote anheben? Auf jeden Fall haben die Fußballjungs noch eine weitere Selbstverwirklichungsbühne erhalten.

Prolog

Unruhe herrscht auf einem Flecken Frankreichs, im doppelten Sinne des Wortes. Wir fuhren hin und schauten uns an, was sich Menschen zwischen Feldern, Hügeln und Landhäusern hinzustellen getrauten.

Es dröhnt auf dem Lande

Man könnte es als legale Drogenabgabestelle für Raser nennen, die kurvenreiche Autobahnanlage mit Zuschauertribüne im ländlichen Burgund. Hobbyrennfahrer polieren ihre Prunkstücke von aufgemöbelten Karrossen liebevoll bevor sie die Dinger auf der Piste zum Rauchen bringen. Und die Werbesticker auf den Rennfahreranzügen tragen sie wie die Großen. Inmitten von Bauernhöfen und Wäldern steht der «Circuit de Bresse», die Autorennstrecke für alle, die lieber dumpfe Runden drehen als mit den Hühnern aufstehen. Trotz harzigem Baubewilligungsverfahren gaben die drei Bürgermeister der betroffenen Gemeinden ihre Unterschriften und ebneten den Weg zu einer geteerten Wüste von der aus, die Blechkisten ihr Geröhre ins grüne Land schicken, wo einst nur die Hirschen zu Röhren hatten. Aber nach Gallischer Art rührt sich Widerstand. Überall in den Dörfern sammeln sich die Gegner, debattierend über Maßnahmen und Protest. Zum Glück, denn was sich die Initiatoren in diesem grünen Flecken Frankreichs geleistet haben, ist schlicht eine Katastrophe. Die Amateur-Rennstrecke belastet die Umwelt in jeglicher Hinsicht. Man brächte etwas Verständnis auf, wenn es ein Präventivangebot für Pubertierende mit Bleifüßen wäre, aber Anwohner berichten bereits von vermehrten Privatrennen auf Normalstraßen, so quasi als Rahmenprogramm, veranstaltet von denen, die vorher nur zusehen konnten.

Privatisierte Diktatur

Wir leben in einer direkten Demokratie. So weit, so gut. Die Bevölkerung wird regelmäßig befragt ob ein Stadtteil renoviert, ein Stadion gebaut werden soll, ob aus einem Ausländer ein Rausländer wird oder ob irgendeine Partei Leute ins Parlament schicken darf. Aber bei Lichte betrachtet, schleicht sich eine Diktatur ein, die niemand bemerkt. Wie zum Beispiel der berühmte Frosch, der sich im Wasser kochen lässt ohne dass er was tut (gemäß grausiger Studie). Ja, die besagte Diktatur schlägt ganz sanft zu, mal da, mal dort. Es tut zuerst gar nicht weh, man ärgert sich ein bisschen, vergisst aber schnell wieder. Bitte? Ich schreibe in Rätseln? Hier die Beweise: In einem Briefchen und einer kleinen Pressemitteilung kündigt das Monopolunternehmen Post eine Tariferhöhung zwischen 10 und 50 Prozent für alle Bareinzahlungen am Schalter an, zu Lasten der Kontoinhaber. Reaktion? Gleich null.

Ein Kabelnetzbetreiber setzt uns den TV-Kanal +3 vor die Nase und schickt den zweiten ORF-Sender in die hinterste Reihe, nachdem bereits der Radio-Kultursender aus Bayern verschwand. Oder haben Sie gewusst, dass erst seit wenigen Monaten alle Betriebe bezahlen müssen, wenn man sie im Telefonbuch finden möchte? Oder haben Sie schon bemerkt, dass Radio DRS2 immer mehr Wunschkonzerte bringt auf Kosten von guten alten Eigenproduktionen? Von den kostenpflichtigen Nachschlage-Computern in den Telefonzellen möchten wir gar nicht reden. Und scheinbar verschlafen alle die Mutation unseres Schweizer Staatsfernsehens in eine Art eidgenössische RTL-Version mit Quotengier. Wir schlittern wohl in die erste Diktatur, die demnächst börsentauglich wird.

Das erste Leseerlebnis

Jede und jeder hat sein Leseerlebnis. Als Lausbub im besten Flegelalter setzte ich mich in Lugano an ein Bistrotischchen in einem Restaurant an den Gestaden des Sees. Es war Sommer, der Lago glitzerte grell in meine Augen, die sich mit dem Zukneifen zu schützen suchten. Ich bestellte einen Drink mit Regenschirmchen und nestelte aus meinem Rucksack zwei Bücher heraus: «Tod in Venedig» und «Die Schachnovelle». Ich legte sie auf den Tisch.

Die Markisen des Cafés reflektierten das Lichtspiel vom Wasser, als würden sie in Flammen stehen. Ich schlug das erste Buch auf ... und begann zu lesen.

Draußen auf dem See hornten die Passagierschiffe die Tretboote aus dem Weg, ein Polizist fuchtelte mitten im Abendverkehr für Ordnung. Ich aber las.

Ich las mich in eine Welt hinein, mit der diejenige um mich herum nicht mehr mithalten konnte. Die Schrift saugt mich auf, ließ unter mir eine Falltüre aufgehen, sodass ich samt Stuhl, Tisch und Drink hinabstürzte in eine Art neuer Dimension. Ich fiel und fiel und ...

... heute bin ich lesesüchtig! Nein, ich lass mich nicht therapieren. Ja, so hat es begonnen, mein Leben als militanter Leser. Wie war das eigentlich bei Ihnen?

Rolf Lyssy
33. Vorwort – Kolumne im August 2006

In der folgenden Kolumne ist eigentlich alles gesagt, was erwähnenswert war. Bis auf eine Erlebnis, über das ich aus Platzgründen nicht schreiben konnte.

Am Zielort einer Sommerreise zu zweit – ein Juradorf nahe der Grenze zu Frankreich – machten wir auf dem Dorfplatz, vor einem grossen, weissgetünchten Haus, über dessen Eingang vergilbt zu lesen war: Hotel Cheval-Blanc, einen ersten Halt, bevor wir den Verwandten meiner Freundin, unangemeldet besuchen wollten. Dieser wohnte am andern Dorfende in einem von ihm selbst umgebauten ehemaligen Hotel.

Draussen vor dem Eingang stand ein runder, weisser Gartentisch aus Kunststoff mit drei Stühlen. Wir setzen uns hin, in der Annahme, es handle sich um einen Gasthof. Nach wenigen Minuten kam ein freundlicher Mann mittleren Alters aus dem Haus, begrüsste uns mit Handschlag und klärte uns auf. Das frühere Hotel sei seit Jahren nicht mehr in Betrieb. Er habe es vom Besitzer gemietet, mit der Absicht, ein Kulturzentrum einzurichten. Ein Kulturzentrum am Ende der Welt. Warum nicht. Kultur ist immer gut, unabhängig von den geografischen Gegebenheiten.

Er bat uns zu einem Drink hinein. Wir betraten einen grösseren Raum, in dem auf der einen Seite mehrere Tische und Stühle standen, die frühere Wirtsstube. Auf der andern Seite befand sich das Buffet mit Geschirr, Kannen und Flaschen vollgestellt. Alles unberührt, wie damals, als die Pächterin offenbar Hals über Kopf verreiste. Die Zeit schien stillgestanden zu sein.

Der Hausherr führte uns in die oberen Stockwerke, zeigte uns stolz die Zimmer. Penetranter Modergeruch begleitete uns. Die geblümten Tapeten lösten sich teilweise von den Wänden. Überall Spinnweben, verstaubte alte Möbel, elektrische Drähte die von der Decke hingen. Ich fühlte mich unmittelbar zurückversetzt in die legendäre Ausstellung von Edward Kienholz im Kunsthaus Zürich, der damals 1972, mit seinen morbiden, und gleichzeitig faszinierenden Skulpturen und Installationen in der Öffentlichkeit Aufsehen erregt hatte.

Wird alles renoviert und in Stand gestellt, versprach der Mann und es fiel mir schwer ihm das auf Anhieb zu glauben. Selbst als Laie, der vom Bauwesen nichts versteht, war mir sofort klar, dass die Instandsetzung dieses vergammelten Gebäudes garantiert mehrere hunderttausend Franken verschlingen würde. Ich wollte seinen Enthusiasmus nicht erschüttern und unterliess es, ihn nach der Finanzierung zu fragen. Sollte es mich aber wieder mal in diese Gegend verschlagen, so bin ich neugierig, ob der wild entschlossene Kulturplaner sein Vorhaben in die Tat umsetzen konnte.

Persönlich

Warum denn in die Ferne schweifen, sieh das Gute, Schöne, Reizvolle, was immer, liegt so nah. Der leicht abgewandelte Spruch aus dem Volksmund bleibt mir in Erinnerung, als ich vor kurzem mit meiner Freundin den Jura befuhr. Seit über fünfzig Jahren hatte ich diesen Teil der Schweiz nahe der französischen Grenze nicht mehr besucht. Verblasste Bilder aus der Schulreisezeit von friedlich grasenden Freiberger Pferden lagerten noch in den hintersten Hirnganglien. Und nun die angenehm luftdurchlässige Fahrt im Mini Cabriolet, vom Murtensee kommend, über die Vue des Alp nach La-Chaux-de-Fonds und von dort weiter nordwärts Richtung Saignelégier. Eine wahrlich traumhaft schöne Landschaft. Unübersehbare Tannenwälder. Grün, die vorherrschende Farbe, in allen Variationen. Eine Wohltat für die Augen.

Dann, unter sengender Sonne, kurz vor Mittag Einfahrt in ein verschlafenes Kaff, sozusagen am Ende der Welt. Les Pommerats, in dieser Gegend das letzte Dorf vor der Grenze, steil oberhalb des Doubs gelegen.

Wir treffen dort unangemeldet einen Grosscousin meiner Freundin. Und staunen. Jürg ist Künstler, lebt alleine in einem ehemaligen alten Hotelgebäude, das er mit eigenen Händen bewohnbar machte, malt in grossen Formaten und sein immer wiederkehrendes Thema handelt von Schmetterlingen in allen Farben und Formen. Er erzählt uns den Hintergrund seiner Passion, die in Amerika begann und ihn bis heute nicht loslässt. Der Gang durchs Haus über drei Stockwerke wird zur schwindelerregenden Reise durch Zimmer und Korridore, deren Wände mit einer unübersehbaren Anzahl Bilder ausgefüllt sind. Gemälde in allen Formaten eines Basler Künstlers, der selber wiederum Bilder seiner Malerfreunde sammelte und dessen Nachlass Jürg verwaltet. Man könnte ein Museum füllen. Überbordend. Uns beiden surren die Köpfe.

So verstecken sich im Jura unerwartete Schätze. Die anschliessende wildromantische Fahrt hinunter zum Doubs nach St. Ursanne und später über den Scheltenpass, rundeten das Bild dieser eindrücklichen Inlandreise unvergesslich ab.

34. Vorwort – Kolumne im September 2006

Es gibt Themen, die verlieren nichts an Aktualität. So zum Beispiel das Thema Kindsmissbrauch, unter welchen Vorzeichen auch immer. Kinder sind und bleiben nun mal das schwächste Glied in der gesellschaftlichen Kette. Sie können sich nur bedingt wehren, sind der Macht und Willkür von Erwachsenen, Eltern miteingeschlossen, weitgehend hilflos ausgeliefert. Besonders dann, wenn sie als Scheidungskinder zum Spielball elterlicher Auseinandersetzungen werden. Wie zum Beispiel in der dramatischen Geschichte eines Elternpaares und ihren beiden Kinder, die über längere Zeit die Öffentlichkeit in Atem hielt.

Persönlich

Was war das doch vor einem Monat für eine erfreuliche Nachricht in der «Sonntags-Zeitung»: «Wood-Kinder» dürfen heim». Nach über anderthalb Jahren Aufenthalt bei drei verschiedenen Pflegeeltern in Australien, fand sich – dem Schicksal seis gedankt – eine Richterin, die den unsäglichen Gerichtsbeschluss aus Zürich umstiess und weise entschied, dass die Kinder zu ihrer Mutter in der Schweiz gehören. Sie hat damit nicht nur Gerechtigkeit gegenüber Jamie und Melissa widerfahren lassen, die das Zürcher Obergericht in den Wind geschlagen hatte, sondern mit Bestimmtheit Schlimmeres verhindert. Nicht auszudenken, wenn sich das Mädchen etwas angetan hätte. Wer wäre dafür behaftet worden? Das Zürcher Richterkollegium? Die Pflegeeltern, der Vater, die australischen Behörden? Der liebe Gott?

Remo Largo, renommierter Kinderarzt und Autor, hatte den Behörden eine Art von Kindesmisshandlung vorgeworfen. Ich meine, das war noch vornehm ausgedrückt. Trotz seinem

Engagement konnte auch er den langen Leidensweg von Jamie und Melissa nicht verhindern.
Nun sind die Geschwister wieder zurück, in der Obhut ihrer Mutter. Was muss das wohl in den drei Menschen an Freude, Erleichterung und Hoffnung ausgelöst haben. Man kann es nur erahnen.

Wie Jamie und Melissa, zusammen mit ihrer Mutter dieses Trauma verkraften, wird die Zukunft zeigen. Man kann ihnen nur wünschen, dass das, was ihnen von «paragraphenbewussten» Beamtinnen und Beamten angetan wurde, keine bleibenden Schäden hinterlassen wird. Der Mensch ist ja von Natur ein lernfähiges Wesen. Vielleicht hat doch der oder die eine oder andere GesetzeshüterIn aus dieser skandalösen Geschichte etwas gelernt. Für Maya Wood und ihre Kinder zwar ein schwacher Trost, aber für alle diejenigen, die, aus welchen Gründen auch immer, ohnmächtig der Behördenmacht ausgeliefert sind, könnte es ein Silberstreifen am Horizont sein. Die Lektüre des Buches «Ich mein eigener Fall» von Margot Scherz, die ebenfalls mit ihrem Sohn in die Zürcher Amtsmühlen geriet, bietet dazu eindrückliches Anschauungsmaterial.

35. Vorwort – Kolumne im Oktober 2006

Vielleicht hätte ich mich zum Thema Hörschäden gar nie geäussert, wäre das beschriebene Konzerterlebnis in der folgenden Kolumne ein Einzelfall geblieben. Aber ein knappes Jahr zuvor pilgerte ich mit Freunden ins Hallenstadion, um den jungen kanadischen Sängerstar Michael Boublé zu hören. Er trat mit einer Big Band auf und das Konzert versprach jazzig swingende Songs. Als zweiter Frank Sinatra hatte man ihn angepriesen. Wohlan denn, ich genoss die Vorfreude.

Kaum jedoch ertönten die ersten Orchesterklänge, wurde mir mit einem Schlag bewusst, warum am Eingang ein grosser Behälter stand, aus dem man sich gratis mit Ohrenstöpsel hatte bedienen können und an dem ich achtlos vorbei gegangen war. Sträflicherweise, wie sich alsbald zeigte. Wir sassen ungefähr im mittleren Teil der Halle, also mit respektablem Abstand zur Bühne. Aber aus den riesigen Lautsprecherboxen donnerte es derart in meine Ohren, dass ich schon Angst bekam, die Trommelfelle würden im nächsten Moment platzen. Ich musste mir wohl oder übel die Ohren zuhalten und fragte mich zerknirscht, was das soll, mit verstopften Ohren Musik hören. So gelobte ich mir, das dies fraglos das letzte Mal gewesen sein sollte, wo ich mich dieser Tortur aussetzte. Bis auf das Konzert, von dem nun die Rede ist.

Persönlich

Fachärzte warnen seit längerem vor massiv zunehmenden Hörschäden, besonders bei Jugendlichen. Aber auch ältere Jahrgänge leiden unter anderem vermehrt an Tinitus, jenes chronische Ohrenpfeifen, das sich nicht abstellen lässt und schon viele Betroffene nahezu in den Wahnsinn trieb. Nur, das will offensichtlich niemand ernsthaft wahrhaben.

Vor kurzem machte ich zum wiederholten Male eine dieser schmerzhaften Hörerfahrungen. Ich besuchte ein Konzert im Moods, Zürichs renommiertes Jazzlokal. Eine junge, temperamentvolle, hochschwangere Vokalistin aus der Romandie sang Eigenkompositionen, begleitet von einer Backgroundsängerin und fünf Musikern. Dargeboten wurden Balladen, aber auch rockige Songs. Soweit so gut. Wäre da nicht diese unerträgliche Phonstärke gewesen, die das Hören nicht zum Vergnügen sondern zur Qual machten. Wohlgemerkt, zu meiner Qual, denn wenn ich mich umschaute, so schien dieses Dezibelbombardement niemanden zu kümmern. Die ZuhörerInnen lauschten entspannt und andächtig der Musik. Derweil ich jeden Moment erwartete, dass die Lautsprecherboxen explodierten oder die Sängerin eine Sturzgeburt hat. Ich musste mir immer wieder die Ohren zuhalten und kam mir schon vor wie ein Ignorant.

Das Ohr ist ein hochkomplexes, überaus empfindliches Sinnesorgan, dem man nur scheinbar alles zumuten kann. Es könnte ja durchaus sein, dass diese immer wiederkehrende, extreme Lärmbelastung auf Dauer irreparable Schäden hinterlässt. Warum sollte das in Zukunft nicht zu Mutationen führen und unser Hörvermögen von Generation zu Generation abnehmen? Eines Tages sind dann alle Menschen taub. Einfach so!

Als Folge der stetig zunehmenden Hörschäden wird die Nachfrage nach zuverlässigen Hörhilfen ohne Zweifel rapide zunehmen. Phonak ist soeben weltweit zur Nummer eins der Hörgerätehersteller geworden. Also los, zögern Sie nicht, kaufen Sie Phonakaktien.

36. Vorwort – Kolumne im November 2006

Von «massenmedialen Suchtmitteln» schrieb ein Journalist in der Sonntags-Zeitung. Und meinte damit, die über den Erdball inflationär sich ausbreitenden Fernsehserien. Er hatte den Nagel auf den Kopf getroffen. In der Tat, ein neues Suchtphänomen scheint seit längerem unaufhaltsam Menschen aller Alterskategorien zu befallen. Es handelt sich um Serienadicts, die ganze Nächte, und bei Bedarf auch noch Tage, vor dem Bildschirm verbringen, gierig zu erfahren, wie die in der letzten Folge im spannendsten Moment unterbrochene Geschichte weitergehen wird. Die Sender freuts. Für sie sind diese in überwiegender Zahl aus den USA importierten Serien der reinste Zuschauerklebstoff. Das Schweizer Fernsehen, genauer, SF 2 hat dafür den Montagabend reserviert.

Wie hiess es bei Karl Marx: Religion ist Opium für das Volk. Wenn der wüsste!

Persönlich

Ein seltsames Gefühl schlich sich vor längerem über den Solarplexus hinauf ins Mittelhirn, genauer, ins limbische System und von dort in den vorderen Kortex und damit in mein Bewusstsein, wo es knallhart die Fragen auslöste: Habe ich ein fundamentales Defizit im kognitiven Bereich? Ist eine Psychotherapie angesagt? Bin ich überhaupt normal?

Da las ich in einem NZZ-Folio Heft betitelt «Die hohe Kunst des Einseifens», über TV-Serien und wie sie weltweit die Zuschauer dreifach um die Finger wickeln, Einfluss aufs tägliche Leben nehmen, die Fiktion, die aus der Realität destilliert wurde, zum höchsten der Gefühle machen. Eine Reihe Autoren und Journalisten, mit fraglos intellektuellem Niveau, schrieben über ihre Lieblingsserien, die sie sich jeweils vol-

ler Inbrunst und mit suchtverdächtigem Genuss reinziehen. Als da sind: Telenovelas, Sitcoms, Soap Operas und wie die Zeitvertilger alle heissen. Nach der Lektüre dieser Lobgesänge wurde mir bewusst: ich habe eine Macke.
Ich bin nämlich absolut nicht in der Lage, Serien zu schauen. Wenn ich das Wort nur höre, regt sich innerer Widerstand. Ich sehe mich schon umschlungen von diesen optisch-akustischen Tentakeln, hilflos ausgeliefert den Cliffhanger, gierig wartend auf die Fortsetzung, kurz, ein süchtiges Nervenbündel. Wo nehmen Menschen nur die Zeit her, wenn sie «Lost», «Six feet under», «24 hours», «Desperate housewifes», «CSI», «The L-word», «The Sopranos», «Sex and the city» etc. nicht verpassen wollen?
Das sind jetzt nur die Serien aus den USA. Eine Journalistin schrieb: «Meine Woche wird strukturiert durch die «East Enders». Diese englische Serie läuft viermal in sieben Tagen. Das heisst, die Dame richtet ihr Leben nach einer Serie aus. Andere ziehen sich übers Wochenende ganz DVD Serienpakete rein. Stundenlang. Ich schaue Serien, also bin ich!

Und was ist mit mir? Wo ist der Therapeut oder die Therapeutin, die mir diese Serienphobie überwinden hilft? Oder vielleicht besser doch nicht!?

Urs Heinz Aerni
Schöne neue Architektur

Es heißt, Architekten seien Künstler und feinfühlige Menschen. In meinem Quartier wurden und werden die letzten Wiesen mit Wohnblöcken verbaut. Das Häusermeer Zürichs wird nicht nur dichter, es nähert sich immer mehr den Waldrändern.

Nun gut, dass sich das Grüne wohl immer mehr ins Reich der Topfpflanzen zurückziehen muss, ist anscheinend unabwendbar ... aber, liebe Architektinnen und Architekten, lasst uns doch wenigstens mit Stil ins Reich des Betons eingehen.

Lassen Sie mich die erwähnten Neubauten beschreiben: viereckig, schlichte Anordnung der Fenster, dazwischen viel blanke Fläche in Ocker, keine Balkone, stattdessen Nischen (nur geeignet für Nachtschattengewächse) und als Umschwung kurz geschorener Rasen mit erbärmlichen Sträuchern, in denen sich nicht mal ein Zaunkönig verstecken kann. Die Flachdächer sind selbstredend unbegrünbar.

Und wenn ich schon am Wettern bin, noch ein Wort zur Beleuchtung: Statt den Weg zur Tür zu erhellen, stecken grelle Lämpchen in den Wänden, die einen gemahnen, ein Turnhalle-Areal zu betreten statt eine Siedlung. Meine Güte, hier sollen Familien mit Kindern und Haustier leben!

Keine Verspieltheit, null Variationsfreudigkeit und nicht ein Funken Lebenslust. Also wenn dieselben Kriterien für meine Schreibzulassung gelten würden wie für die Baubewilligung, so müsste ich meine Arbeit sofort einstellen oder allenfalls Tagebücher schreiben, die unter Verschluss blieben.

Aber, liebe Zeitgenossen der planenden und bauenden Gilde, wenn ich Eure Kunstfertigkeit gänzlich missverstehen sollte so schreibt mir und lasst mich die Augen für Eure Ästhetik öffnen.

Tagesfreundschaft

Zwischen Rapperswil und Schmerikon war sie; die Begegnung mit einer Schar Brachvögel, die auf einer Weide herumpickten. Durch das Fernglas holten wir sie nahe heran, sahen ihre Augen, ihr Gefieder und das gestelzte Gehen.

«Dürfen wir auch mal?», kam es von dem jungen Ehepaar mit dem Kleinkind auf dem väterlichen Rücken. Nach dem «aber sicher» übergaben wir das Glas. Nun staunten wir zu viert (das Kind kaute lieber an irdeneinem Stoff herum). Der Feldstecher wechselte immer wieder die Hand. Worte wurden getauscht, Namen angeboten und alle stellten fest, dass das nächste Wanderstück dasselbe Ziel ist. So zogen wir los, die drei und wir zwei.

Familiengeschichten, berufliche Erlebnisse sowie Themen dieser Welt ließen den Wortfluss nie stauen. Den Picknickstopp begingen wir zusammen, die Routeplanung ebenso. Bei Wurst und Brot lachte man über den Zufall, gemeinsame Bekannte in Basel zu haben. Innert Stunden wurden Unbekannte zu Freunden, innert wenigen Kilometern vertrauten sich vier Menschen in einer entspannten Sorglosigkeit an, die ich für ausgestorben hielt.

Am Bahnhof Schmerikon kam der Abschied auf uns zu. War nicht einfach, nach einem ganzen Tag. Küsse und Umarmung bestätigten ein kleines Glück und ein mögliches Nimmerwiedersehen. Sie winkten, wir fuhren und winkten zurück.

Etwas pathetisch, nicht? Etwas rührig, oder? Aber so etwas würden Sie auch gerne mal erleben, stimmts? Holen Sie Ihr Fernglas aus der Schublade und suchen Sie die nächsten Brachvögel.

Die Bank kommt, der Jazz geht

Giuseppe ist nicht einfach Wirt, er ist Gastgeber. Beim Betreten seines Lokals kommt er auf einen zu und schüttelt die Hand. Mit dem Wein kennt er sich aus. Seine Mitarbeiterin Christine kommt ebenso an den Tisch und nimmt freundlich die Bestellung auf. Unterdessen befreien Musiker auf einer Bühne die Instrumente von den Hüllen. Der Pianist sortiert die Noten, der Gitarrist zieht die Saiten stramm, die Sängerin macht Klopfzeichen auf das Mikrofon zu Testzwecken. Es ist kurz vor neun. Der Teller ist abgeräumt, das Licht der Deckenlampen schummert; es geht los.

Mit zugekniffenen Augen entlässt der Saxophonist Töne ins Publikum. Der Drummer liebkost die Becken, jetzt setzt der Pianist ein, um helle Töne als Klangteppich zu hinterlegen, auf den die Sängerin ihre entzückende Stimme niederrieseln lässt.

Der Jazz hilft den Büroknatsch zu vergessen, den Abend zu genießen. Er eröffnet den Ohren immer wieder neue Tonwelten, und dies jeden Abend im Jazzclub «The Gig». Nach langer Suche mit Hilfe des Stadtpräsidenten zog Giuseppe mit seinem Soundprogramm vom Zürcher Stadtkreis 4 in das Haus Metropol. Nun logieren das Steueramt und der Jazzklub unter demselben Dach - so ist eben Zürich, oder war es zumindest. Die Stadt verkaufte das Jugendstilgebäude und bündelt die Ämter im Werdgebäude, in dem vormals eine Großbank zu seinem Geld schaute. Der neue Besitzer ist die Bank Hoffmann.

Was man erahnte, wurde wahr. «The Gig» muss raus. Aber sicher, auch nachher wird es auch ganz nett sein. Vielleicht so eine Art Banker-Feierabend-Bar mit Cüpplipreisen, die sich nur Yachtbesitzer leisten können. Vielleicht auch ein voll klimatisierter Automatenraum mit Überwachungskameras, für wohliges Geldabheben. Auf jeden Fall ein Betrieb, der so richtig in die aktuelle Kulturlaune unserer Stadt passen wird.

(Das war 2005, wo heute Giuseppe mit seinem Jazz-Club steckt, weiß keiner...)

Die Nacht - ein Gespräch mit ihr

Vielen Dank, für Ihre Bereitschaft zu diesem Interview. Aber warum gelangen Sie erst jetzt an die Öffentlichkeit?
Mein Frust trieb mich dazu.
Ihr Frust?
Ja, so wie's heute aussieht, schätzt niemand meine Arbeit, obwohl ich den Job seit Jahrtausenden wahrnehme.
Wieso denn? Was ist heute anders?
Man nimmt mich nicht mehr ernst. Statt mich so zu nehmen wie ich bin, werde ich mit Lärm und Licht neutralisiert, wie man so schön sagt.
Wie meinen Sie das?
Sehen Sie, nur schon vor 100 Jahren begab man sich mit bescheidenem Kerzenlicht zu Bett, sobald ich zu wirken begann. Ich wurde akzeptiert, ohne Wenn und Aber. Doch heute beginnen die Menschen erst zu leben, wenn es dunkel wird. Scheinwerfer gehen an, Fußballspiele werden neuerdings erst um 21.00 Uhr angepfiffen und Leuchtschriften geben mir - vor allem in den Städten - den Rest. Alles funkelt und glitzert und wo bleibt meine Arbeit? Ich hab schon Autofahrer gesehen, denen nicht mal mehr aufgefallen ist, ob sie mit oder ohne Licht fahren. Die sehen mich gar nicht mehr.
Nun, hat der Mensch nicht schon immer das Nachtleben geliebt? Er sucht eben Gesellschaft. »Ein Nachtclub ist ein Lokal in dem die Tische reservierter sind als die Gäste« soll Charlie Chaplin mal gesagt haben.
Witzig finde ich das nicht. Gut, in gewisser Hinsicht gebe ich Ihnen Recht. Schon immer wurden Nachtlokale und dubiose Veranstaltungen von Individuen besucht, doch das große Mehr schätzte die Ruhe und die Romantik. Es gab Zeiten, da war ich am Drücker. Kaum im Einsatz, stand alles still! Lesen Sie doch

mal *Johannes* Kapitel 9, Vers 4: »Es kommt die Nacht, da niemand wirken kann.« Ob Handel und Krieg - nichts lief! Und das nur wegen mir. Ist das nicht toll? Oder denken Sie an den Dichter Gryphius. Das ist nicht mal so lange her, im 17. Jahrhundert war es. Sie können sich nicht erinnern? Da zeigten die Menschen mir gegenüber noch Respekt! »Die Nacht ist keines Menschen Freund« schrieb er im *Verliebten Gespenst*.

Ist es das, was man will? Unbeliebt auf allen Seiten?
Ehrfurcht ist nicht Antipathie! Ricarda Huch wusste noch, wie man über mich zu schreiben hat: «Uralter Worte kundig kommt die Nacht; Sie löst den Dingen Rüstung ab und Bande». Oder nehmen Sie beispielsweise das ägyptische Sprichwort: «Die Rede der Nacht ist mit Butter getränkt: Wenn der Tag darauf scheint, zerfließt sie.»

Wer kann heute dem noch nachfühlen? Nach Rambazamba und Technorausch wird ausgeschlafen bis Nachmittag. Von einer Romantik der Dämmerung ist keine Rede mehr.

Aber was wollen Sie denn? Dass während Ihrer Arbeitszeit nichts mehr geht? Alles tot?
Sagen Sie, wann waren Sie zum letzten Mal um Mitternacht im Wald? Hören Sie das Scharren der Dachse, die zirpenden Grillen oder das Heulen der Eulen? In meiner Arbeitszeit lebt es, und wie! Die Natur weiß noch, was sich gehört. Da ist noch Ordnung und Harmonie. Bei den Kaffernadlern ist zum Beispiel üblich, dass das Weibchen die ganze Nacht über auf den Eiern sitzt. Stellen Sie sich vor, was passierte, wenn die auch noch den Tag mit mir verwechselten.

Liebe Nacht, wir Menschen sind aber keine Kaffernadler. Bei uns handelt es ich um eine Spezies, die mehr erreichen will, als Eier ausbrüten.
Ich verlange nur mehr Beachtung für meine Sache. Es geht

nicht an, dass meine Mühen, die von Flora und Fauna geschätzt wird, durch die »Krönung der Schöpfung« mit Gleichgültigkeit bestraft wird. Wenn's mich nicht gäbe, wäre Amerika nicht entdeckt worden.
Wie bitte?
12. Oktober 1492. »Tierra! Tierra!« rief der Matrose auf der Pinta während der Nachtwache! Nicht am Vormittag und nicht am Nachmittag. Und Sie wollen mir weiß machen, dass zu meiner Zeit nichts läuft.
Jetzt wollen Sie mir nur noch sagen, dass wir uns für all die nächtlichen Verkehrsunfällen, Flugzeugabstürze, Einbrüche und dergleichen bedanken sollen. Das geht doch zu weit.
Einerseits bin ich Ihnen also zu langweilig und andererseits möchten Sie nur die Art von Action bei der doch nichts passiert. Ihr Menschen sind für uns ein Rätsel.
Uns?
Ja. Schließlich treffe ich mich regelmäßig mit dem Tag, beim Schichtwechsel. Wir haben uns über Euch Erdbewohner unterhalten.
Worüber denn?
Fusionen scheinen momentan bei Euch beliebt zu sein. Nun, wir - also der Tag und ich - befinden uns in den Vorverhandlungen bezüglich einer Fusion.
Fusion?
Da Ihr Menschen mit Neigungen zum Diffusen behaftet seid, wäre es doch angebracht, die Erde in eine stete Dämmerung zu tauchen.
Habt Ihr vielleicht schon einen Termin?
Das nicht, aber Sie werden es auf jeden Fall merken...

Jimy Hofer «Ein Leben als Bronco»
Premierenbericht von Urs Heinz Aerni (2003)

Nacht in Bern. Violettes Neonlicht weist auf das Clublokal der Broncos hin. Vor dem Lokal steht ein kleiner Bus. Der Fahrer mit Pferdeschwanz-Frisur ist ein Bronco, eigentlich fährt er lieber mit seiner Harley, so frei nach den gleichnamigen Pferden am Rio Grande. Doch wir nehmen im Bus Platz. Es geht los, ich erwarte Rockmusik, doch statt dessen dreht er DRS1 an. Wir fahren aus der Stadt ins noch nebligere Hinterland.
Nach Wald- und Wiesenweg hält er an. Wir steigen aus und sehen uns um. Farbige Lämpchen, eine überdachte Treppe führt zum Clubhaus der Broncos hoch. Auf dem Dach steht eine Bestie mit Halsband, auf uns hernieder geifernd.
Kameraleute warten vor dem Eingang und blenden. Ein Bronco steht vor der Tür und öffnet nach kurzer Musterung. Jetzt sind wir drin. Hohes Holzdach mit viel Gebälk. Barbetrieb mit gepiercten Gästen und Motorrad-Girls, die hinter der Theke nachschenken. Auf Bildschirmen flimmern Moto Guzzis.
Da kommt er auf mich zu. Jimy Hofer. Musiker, Lebemann und Bronco. Auf meine Schulter klopfend und die Hand schüttelnd sagt er mit tiefstem Berndeutsch: «Du bist also der Aerni! Willkommen! Der Weisswein ist offeriert.» Ich lächle und schiebe wieder die Brille hoch. Ich wühle mich durchs Gewühl zur Bar.
20 Uhr. Blitzlichter und Scheinwerfer gehen an. Die Band legt an und los. Country statt Rock. Zwei Gitarristen, ein Drummer, ein Bassist und ein Violinist. Der Sound fährt in die Beine und lässt sie den Takt wippen.

Jimy Hofer feiert heute seinen Einstand als Autor. Er ist nervös, denn alles hat er schon gemacht im Leben ... aber aus einem Buch gelesen, nein, das hat er noch nie. Zwei Broncos stellen einen Tisch hin, richten das Nachttischlämpchen und füllen ein Glas mit Wasser. Hofer, das Paket von einem Kerl, setzt sich und beginnt zu reden und zu lesen.
Eine Lesung mitten im düsteren Wald unter Motorrad-Kerls. In seinem Buch hält er Erlebtes fest, plaudert aus seiner Jugend und erläutert, warum er ein Bronco ist. Der Applaus ist laut und die Musik nachher erst recht. Dann wird signiert und geknipst.
Ja, meine Damen und Herren, das war eine Buchvernissage, wie ich sie noch nie erlebt habe. Am anschliessenden Apéro sass ich an der Bar neben einem nicht gerade redseligen Bronco. Wir starrten auf ein Video auf dem einfach nur Motorräder losbrausten. Hunderte.
Ich: «Was ist denn das?»
Er: «Ein Motorradtreffen»
Ich: «Da musste sicher viel organisiert werden, bis alle da sind, nicht?»
Er: «Nur Broncos»
Ich: «Kann man auch mit einem Mofa Mitglied werden?»
Er: «Töff ist Töff»
Wir stiessen an als seien wir Freunde fürs Leben.

Siehe, das Globale liegt so nah

«Ich muss Sie ins Reisezentrum schicken.»
«Aber ich möchte nur nach Leipzig»
«Trotzdem.»
Wieder in der Warteschlange aber jetzt im SBB Reisezentrum. Zwei Schalter sind bedient. Ein verliebtes Paar lässt sich ausführlich die Aussichten von sonnigen Wochen auf Mallorca oder als Alternative Kanuferien in Schweden erklären. Ich warte. Am anderen Schalter wird heftig in Prospekten geblättert, ob der Kunde in die Abruzzen oder auf die Karpaten will, kann ich hören. Ich verliere die Geduld und sage mir: «He, es sind ja noch vier Tage bis Leipzig».

Nach dem Hauptbahnhof Basel versuche ich es wieder, diesmal in Solothurn.
«Ich möchte nach Leipzig und zurück.»
«Darf ich Sie ins Reisezentrum schicken?»
Ich blicke durch die Glaswand ins dichtgedrängte Reisezentrum und sage:
«Nein. Ich will nur ein Zugs-Billet.»
Streng schaut mir die Dame durch die rahmenlose Brille an. Ich gebe auf und gehe. Doch da sehe ich einen Herrn am Wechselgeld-Schalter. Allein und Topfpflanzen gießend.
«Darf ich bei Ihnen ausnahmsweise einen Fahrschein kaufen?»
«Aber klar doch» lächelt er.
Nach meinem Wunsch, stand er auf und holte einen Zettel. Auf diesen schreibt er eine Telefonnummer und sagt: «Das ist die Nummer des Reisezentrums, die machen das für Sie.»
Beim Verlassen des Gebäudes staune ich, wie stabil die Türen sind!

Noch ein Tag bis Leipzig. Bahnhof Zürich-Altstetten. Trillernd marschiere ich auf den Schalter zu und sag: «Guten Morgen, junge Frau! Ich habe hier aus dem Internet einen Zug ausgedruckt und möchte für diesen ein Ticket.»
Sie grüßt, wirft einen Blick auf die Uhr und ruft zu einer Kollegin zum anderen Schalter. Dann sieht sie mich an und sagt: «Ausnahmesweise.» Ich juble (innerlich). Sie erklärt: «Das Reisezentrum hat erst in einer halben Stunde geöffnet.»
Nach Leipzig eine Fahrt zu buchen gleicht beinahe einem Tramper-Abenteuer durch Uruguay. Dafür konnte ich in einem kleinen Hotel in Grächen vier arabische TV-Kanäle anzappen. Schöne globale Welt, ich komme! Lesen Sie wieder, wenn es heißt: «Ich reise nach Waldshut».

Urs Heinz Aerni

ist 1962 in Baden (Kanton Aargau, Schweiz) geboren und in Fislisbach und Zug aufgewachsen.
Lebt heute mit Jacqueline, seiner Frau, in Zürich.

Nach Zeiten als Grafiker, Schriftenmaler, Olivetti-Schreibmaschinen-Verkäufer, Sachbearbeiter in der Logistik, Werber, Texter, Buchhändler, Fachlehrer und Journalist widmet er sich heute freischaffend dem Schreiben, der Leseförderung und der Literaturvermittlung.
Bibliografisch kann seine marginale Mitwirkung an dem Taschenbuch «Liebe 160» (Nagel & Kimche) erwähnt werden, das durch einen Wettbewerb entstanden ist.

Veröffentlichungen in verschiedenen Zeitschriften unter anderem auch im Sterngucker.

Redaktor auf Radio 32 – Buchtipp der Woche
www.ursheinzaerni.ch

Rolf Lyssy

ist 1936 in Zürich geboren.
Rolf Lyssy ist Autor, Regisseur und Filmemacher.

Buchveröffentlichung:

«Swiss Paradise» Ein autobiografischer Bericht
(Verlag Rüffer&Rub)

Spielfilme:

«Eugen heisst wohlgeboren»
«Konfrontation»
«Die Schweizermacher»
«Kassettenliebe»
«Teddy Bär»
«Leo Sonnyboy»
«Ein klarer Fall»

Dokfilme:

«Vita Parcoeur»
«Ein Trommler in der Wüste»
«Eine Liebe zur Chemie»
«Schreiben gegen den Tod»
«Wäg vo de Gass!»
«Die Vitusmacher»

Theaterregie:

«Alles klar» von Urs Widmer
«Und ich und ich ...» von Maria Pa come
 (Dialektfassung von Urs Widmer)
«Jeanmaire - ein Stück Schweiz» von Urs Widmer

Stichwortverzeichnis

«1984»	30
«24 hours»	147
+3 (TV-Sender)	137
3sat	126
4xL	130
Aarau	86, 132
ABB	80
Abruzzen	157
Abu Ghraib	70
Acklin, Jürg	127
Aebli, Kurt	111
Afrikanische Sonne	59
Ägypten	36
AHV	11
AJZ	80
Akupunktur	132
Albanzisch	89
Alkohol	42
Alpnachstad	84
Altstetten	132, 158
Amerika	18, 80, 141
Architektur	148
ARD	80
Arosa	90
ARTE	126
Arth-Goldau	84
Arx, Bill von	104
Asien	107
Ästhetik	148
Audi	85
«Auf der Suche nach dem koscheren Mann»	103
Augstburger, Urs	111
AUNS (Aktion für eine unabhängige und neutrale Schweiz)	101
Australien	48, 71, 142
Auto-Partei	61
Autorennstrecke	136
Bachmann, Dieter	127
Bachmann, Plinio	127

Bachmann, Stefan	127
Bareggtunnel	109
Bärfuss, Lukas	127
Basel	37, 41, 56, 90, 91, 133, 141, 157
Beckham, David	67
Beeler, Jürg	111
Beerli, Christine	27
Beretta, Mario	127
Berlin	21
«Berlin Alexanderplatz»	47
«Berliner Zeitung»	47
Bern	10, 44, 90, 95, 133, 155
Bernet, Dominik	111
Besançon	9
Bibliothekarin	57
Bieri, Peter	127
Big Apple	29, 70
Big Band	144
Bild- und Tonträger	75
Bildungsartikel	123
Bill, Max	79
Bischof, Willy	24, 25, 104
Bivio	113, 114
Blatter, Sepp	127
Blocher, Christoph	28
Bloomberg, L. P.	29
Blum, Andreas	127
BMW	80
Bodensee	117
Boogie Woogie	24
Borel, Daniel	125
Bortlik, Wolfgang	111
Bösiger, Johannes	129
Boublé, Michael	144
Brachvogel	149
Brockhaus	54
Bronco	155
Brooklyn	102
Brooklyn Museum	102

Brunner, Armin	127
Brütsch, Andres	63
Buble Boogie	24
Bücherlesen	57, 58
Buchhändler	57
Buchhandlung	111, 132
Buchmesse	115
Buchpreisbindung	39, 96, 110
Bundeparlament	27
Bundesamt	49, 50
Bundeshaus	27
Bundesrat	21
Bundesversammlung	28
Burgund	9, 10, 136
Bush, George Walker	70
Calmy-Rey, Micheline	28
Camorra	96
Captain Kirk	130
Capus, Alex	111
Carp, Stefanie	45, 47
Castorf, Frank	47
Central Park	102
CEO	125
Chaplin Charlie	152
Cherney, Brian	24
Cheval-Blanc (Hotel)	139
Christine	150
Christo, Jeanne-Claude	129
Chronos Verlag	118
CIA	80
«Circuit de Bresse»	136
Clubschule Migros	17
Country	155
«CSI»	149
CVP	28, 80
Dachs	153
Däniken, Erich von	129
«Das Wunder von Bern»	28, 132
Deltenre, Ingrid	127

Demokratie	29, 48, 124, 137
Depression	69
«Der Zauberlehrling»	57
«Desperate houswifes»	147
de Weck, Roger	12
Deutschland	45, 92, 114, 135
«Die Schachnovelle» (Stefan Zweig)	138
«Die Schweizermacher»	119
«Die Vitusmacher»	78, 121
Diktatur	137
Dokumentarfilm	103
Dostojewski, Fjodor Miachailowitsch	19
Doubs	141
Drogenpolitik	62, 63
Dübendorf	90
«East Enders»	147
E-Book	39
Eden au Lac (Hotel)	24, 103, 104
Eidgenossenschaft	101
Einsiedeln	84
Eisenstein, Sergei Michailowitsch	19
Erdbeben	85
«Esst endlich normal!»	118
EU (Europäische Union)	102
Eule	154
Europa	18
Europameisterschaft 2008	90, 126
EVP	80
F + F Zürich - Schule für Kunst und Mediendesign, Zürich	70
Faes, Urs	111
Fällanden	21
Fässler, Regula	28
FC Will	20
FDP	28
FDP	80
Federer, Roger	32, 102
Feldeggstraße	129
Feldmaus	51
Fellini, Federico	31

Feusisberg	126
Filmförderung	62, 64
Filmpodium Zürich	76
«Filmszene Schweiz»	62
Finanzhaie	20
Florescu, Catalin Dorian	111
Flughafen	21, 22, 23, 90
Frankenstein	74
Frankfurt a. M.	18, 19, 35
Frankreich	136, 139
Frauenfeld	111
Freiberger Pferde	141
Frey, Patrick	103, 127
Frisch, Max	56
Fuchs	52, 53
Fußball	20, 90, 135
Fußballer	20
Fußballweltmeisterschaft	135
Ganz, Bruno	78
GASB-Therapie	25
Geistige Landesverteidigung	113
Gemeinderäte	62
Genazino, Wilhelm	56
Genf	90, 102
Genfersee	116
Genner, Ruth	28
Generika	98
Gesichtstransplantation	72
Gewerbeschule	130
Gheorghiu, Teo	78
Ghostbuster	61
Giacobbo, Viktor	12
Gillette	67
Guiseppe	150
Globalisierung	43, 60
Gockhausen	21
Godard, Jean-Luc	31
Goethe, Johann Wolfgang von	57
Goldbrunnenplatz	56

Gorki, Maxim	19
Gott	36, 107, 142
Grächen	158
Great American Songbook	25
Grille	153
Grindelwald	90
Großbank	150
Großbuchhandlungen	60
Grüne	28
Gryphius	153
Guantanamo	70
Hallenstadion	144
Haller, Ursula	28
Hamburg	41
Hardturm (Fußballstadion)	90
Hartmann, Lukas	111
Hartmann, Mathias	45
Hegglin, Markus	11
Heller, Martin	127
Helvetiaplatz	91
Heroinabgabe	63, 64
Herrliberg	20
«High Noon»	28
Hill, Terence	112
Hitchcock, Alfred	31
Hochsprache	112
Hofer, Jimy	155
Hofer, Polo	127
Hollywood	120
Homo sapiens	107
Hörschaden	145
Huch, Ricarda	153
Hürzeler, Peter	97, 98
Hutter, Gardi	127
Ibiza	105
ICE	41
Interlaken	117, 128
Irak	30, 70, 85
Isserlis, Steven	119

Jamie	143
Jazz	24, 25, 104, 118, 144, 145, 150
«Jazz in der Schweiz, Geschichte und Geschichten»	118
Johannes (Evangelium)	153
Johannes Paul	128
Journalismus	80
Juden	18
Jungkapitalisten	20
Jura	138, 139
Kaffernadler	154
Kambodscha	84
Kantonsräte	62
Kantor	18
Kästner, Erich	57
Katzen	132
Keiser, Lorenz	12
Kessler, Markus	25
KGB	80
Kienholz, Edward	140
«Kino im Kopf»	54
Kindergarten	123
Kindsmissbrauch	143
Kino Razzia	128, 129
Kino Riff-Raff	32
KKL (Luzern)	70
Kleinbuchhandlungen	60
Kloten	21, 23
KMU	43
Knecht, Doris	12
Kosaken	20
«Krönung der Schöpfung»	154
Kummer, Tania	111
Kunsthaus Zürich	140
Kurkow, Andrei Jurijewitsch	56
La-Chaux-de-Fonds	140
Landesregierung	28
Landhaus	122
Lao-tse	97
Largo, Remo	142

Laubbläser	61
Leipzig	114, 156, 157
Leningrad	19
Les Pommerats	141
Leseförderung	131
Lesekompetenz	115
Lesemuffel	117
Lettland	18
Leuenberger, Moritz	21, 28
Lewinsky, Charles	111
Lindau	105
Lindenplatz	91
Linder, Walo	24
Livers, Peter	25, 104
Logitech	124, 125
London	57
«Lost»	147
Lugano	138
Luisi, Peter	31, 32, 33, 103
Lüthi, Tom	102
Luzern	56, 59, 70, 84, 116
Mach3	67
Mächler, Christoph	25
Mafia	96
Maibach, Peter	111
Mainaustraße	129
«Mais im Bundeshaus»	28
Malaysia	102
Mallorca	86, 157
Malta	105
Manesseplatz	90
Manhattan	102
Mannhart, Urs	111
Marthaler, Christoph	45, 46
Marx, Karl	146
Maurer, Ueli	127
Mayer, Delia	127
Mediokre	101
Meier-Schatz, Lucrezia	127

Meili, Marcel	127
Meister Reinecke	53
Melissa	142, 143
Merz, Hans-Rudolf	27
Metropol	150
Mettler, Michel	111
Metzler, Ruth	27
Meyerhold, Wsewolod Emiljewitsch	19
Mini Cabriolet	140
Minsk	19
Mohilev	18
MoMa (Museum of Modern Art), New York	70
Monday, Monday	28
Monnerat, Roger	111
Moskau	19
Moto Guzzi	157
Mozart, Wolfgang Amadeus	32, 119
Mulehouse	9
Multioptionsgesellschaft	86
Murer, Fredi	32, 78, 127
Muschg, Adolf	127
Nacht	11, 15, 86, 133, 152, 155
Namibia	116
Nazis	19
«Neue Frankfurter Zeitung»	111
«Neue Zürcher Zeitung»	80
Neuseeland	86
New York	29, 30, 102
Niederländer	112
Nokia	61
Nordkorea	86
Nürnberg	35
Nyankson, Kwasi	59
NZZ	36, 80, 146
Obraszow, Sergej Wladmirowitsch	19
Oerlikerpark	79
Öffentliche Verkehrsmittel	44
Ogi, Adolf	101
Oligarchen	19

Olmsted, Frederic	102
Olten	86, 114
Operas	146
Operettensänger	18
Opium	147
ORF	80, 137
Original Teddies-Band	24
Oscar (Filmpreis)	66
Ospel, Marcel	82, 83, 126
Österreich	59, 116
Osteuropa	92
Ostsee	95
Otto (Waalkes)	16, 111
«Otto e mezzo»	127
Pakistan	85
«Panorama-Ressort»	127
Paradeplatz	92
Pelli, Fulvio	126
Personenfreizügigkeit	101
Pfaffhausen	21
Pfannenstiel	21
Pfauenbühne	45, 46
Phonak	147
Pilatus (Berg in der Zentralschweiz)	84
Pinta (Schiff)	154
Piper Verlag	118
Platzspitz	90
Polizei	106
Pollmer, Udo	118
Post	16, 43, 44, 137
Prospect Park	102
Psychiatrie	49
Pudowkin, Wsewolod Illarionowitsch	19
«Quer» (SF-Sendung)	59
Radio Beromünster	69
Radio DRS	24, 80, 85, 89, 137
Railbar Stewart	59
Rainer, Margrit	79
Ramseyer, Beat	104

Ramspeck, Jürg	25, 104
Rapperswil	149
Rauchen	30
Regierungsrat	12, 62, 129
Reich, Richard	111
Reichlin, Linus	12
Rhein	21, 116
Rheinschiffe	116
Riga	18
Rimsky-Korsakow, Nikolai	24
Rio de Janeiro	86
Rio Grande	155
Rist, Pipilotti	127
Rittmeyer, Joachim	127
Rollins, Theodore Walter (Sonny)	70
Rom	35
Rosengartenstraße	91
Roten, Michèle	127
Rowling, Joanne K.	56
RTL	137
Rudolf-Brun-Brücke	106
Rüffer & Rub Verlag	118
Rüffer, Anne	9
Russen	20
Russische Revolution	18, 19
Russland	18
Saignelégier	140
Saner, Hans	127
Säuliamt	90
S-Bahn	86
SBB	61, 80, 86, 107, 157
Schauspielhaus Zürich	45, 46
Schawinski, Roger	12
Scheltenpass	141
Scherz, Margot	143
Schiffbau Theater Zürich	45
Schlankheitsdiktatur	118
Schliengensief, Christoph	47
Schmerikon	149

Schmid, Samuel	28
Schwan	106
Schweden	157
Schweiz	18, 55, 92, 101, 116
Schweizer Fernsehen	62, 109, 113, 122, 126, 146
Schweizer Filmschaffen	64
Schweizer Literatur	111
Schweizerfilm	31, 101, 102, 121
Schweizerpass	19
Schwerzenbach	21
Schwitter, Monique	111
Sechseläuten	91
See-Beben	107
Seefeld	128
Seiler, Alexander J.	127
«Service-Ship Award»	59
«Sex and the city»	147
Sieber, Ernst	95
Signer, Roman	127
Sihlsee	84
Simon, Christoph	111
Sina	127
Sinatra, Frank	144
Sitcoms	146
«Six feet under»	147
Sizilien	85
SJW	81
SMS	81, 130
Soap	146
Solothurn	122, 157
Solothurner Filmtage	72, 119, 120, 121
«Sonntags-Zeitung»	142, 146
Sony Handycam	78
Sowjetunion	18, 19, 80
SP	80
Spencer, Bud	112
Spiteri, Rebecca	25, 28
Spitzenmedizin	73
Spoerli, Heinz	127

Spoerri, Bruno	118, 127
St. Gallen	84
St. Petersburg	19
St. Ursanne	141
Stadtbibliothek	54
Stanislawski, Konstantin Sergejewitsch	19
Stauffer, Teddy	24
«Sternstunde Kunst»	121
Stoff- und Aussteuerhändler	18
Streetparade	91
Stuttgart	90
Südafrika	116
Sudan	70
«Süddeutsche Zeitung»	41
Süddeutschland	21
Südostasien	70
Sulzer, Alain Claude	111
Suter, Martin	12
Suworow, Alexander Wassiljewitsch	20
SVP	28, 80
SWF3	112
Swissair	124
Swisscom	38
«Swiss Paradise»	9
SWR	80
Synagoge	18
«Tagblatt der Stadt Zürich	11, 57, 127
«Tages-Anzeiger»	29
Tagesschulen	123
Tairow, Alexander Jakowlewitsch	19
Telenovas	147
Terrorismus	109
«The Gig»	150
«The L-word»	147
«The Mamas and Papas»	27
Theatermacher	19
Thomas, R. S.	36
Ticino	116
Tinitus	144

«Tod in Venedig» (Thomas Mann)	139
Tolstoi, Lew Nikolajewitsch	19
Tretjakow, Sergej	19
Tschechow, Anton Pawlowitsch	19
Tschetschenien	49, 70
Tsunami	107
Turbinenplatz	79
Türlersee	91
UBS	82
Uerikon	21
Ukraine	18
Ukrainer	20
Unique	22, 23, 35
Universität	116
Urania	106
Uruguay	158
USA	146
Vasella, Daniel	125
Vaux, Calvert	102
VBZ	80
«Verflixt verliebt»	31, 33, 103
Versiedelungspolitik	92
Vietnam	30
Villiger, Kaspar	27
«Vitus»	32, 78
Vogelgrippe	103
Volksbühne Berlin	47
Voralpenexpress	84
Vue des Alp	141
Wachtangow, Jewgeni	19
«Wäg vo de Gass!»	62, 70, 78
Wahlen	27
Waldshut	158
Walenstadt	99
Wales	36
Wallis	95
Walter, Ruedi	79
«Warum Beethoven mit Gulasch um sich warf»	118
Weißrussland	18

Werdgebäude	151
Wertow, Dsiga	19
Widmann, Ellen	79
Widmer, Urs	127
Wildhüter	52, 53
Windenergie	133
Wirtschaftsschule Bern	133
Wood, Maya	71, 72, 144
WWF	72, 80
Yachtbesitzer	152
Zahnpflege	99
Zahnprophylaxe	99
Zarenherrschaft	18
Zarenreich	19
Zaunkönig	149
ZDF	80, 109
Zentralschweiz	131
Zersiedelung	92
Zigarettenarbeiter	18
Zivilschutz	57
Zschokke, Matthias	111
Zug (ZG)	59
Zulu	89
Zumikon	21
Zürcher Filmstiftung	62, 131
Zürcher Kantonsregierung	21
Zürcher Obergericht	48, 142
Zürcher Oberland	21
Zürich	18, 24, 35, 41, 47, 56, 57, 59, 62, 63, 64, 71, 90, 91, 103, 107, 115, 122, 132, 142, 158
«Zürich für den Film»	63
«Zürifäscht»	90
«Züri-Tipp»	97, 98
Zweiter Weltkrieg	45